(logo) Visions Nouvelles

Pierre RAYNAUD

Tous racistes ?
Analyse relationnelle des mécanismes du racisme

Editions ULRICH

DU MEME AUTEUR

Les mythes du médicament, Editions LAPS, 1975, épuisé

L'art de manipuler, Editions LAPS, 1977, épuisé

Les jeux de mots politiques des français, Editions LAPS, 1983 épuisé

Le médicament, malade de sa communication, Editions ULRICH, 1992

L'art de manipuler, Editions ULRICH, 1996

Le management de la relation, Editions ULRICH, 1998

A la recherche du client, Editions ULRICH, 1999

La grande mutation de l'industrie pharmaceutique, Editions ULRICH, 2006

SOMMAIRE

INTRODUCTION

Une courte présentation de la méthode
dite Analyse Relationnelle

La méthode appelée Analyse Relationnelle et dont le nom commercial est Relatio®, est utilisée dans les entreprises et aussi pour régler les conflits personnels depuis de longues années déjà.

Elle repose sur quelques axiomes et principes de base que nous nous devons d'exposer au seuil de ce livre pour que le lecteur puisse comprendre qu'il ne s'agit pas d'un livre d'opinion, mais d'une nouvelle grille de lecture des évènements, d'une nouvelle façon de penser les faits, et de se comporter en société.

Et que tout le monde peut apprendre cette méthode.

Il s'agit à l'origine d'une méthode de développement personnel permettant à ses pratiquants de mieux maîtriser les relations avec les autres, et au passage de résoudre les éventuels problèmes relationnels qu'ils rencontrent. C'est donc une méthode orientée vers un objectif précis : une plus grande efficacité de nos comportements et de nos actions.

Or, pour changer nos comportements, il faut aussi changer notre façon d'organiser nos pensées.

Le premier axiome qui est le nôtre est simple : *les problèmes sociaux, aussi complexes soient-ils, sont avant tout constitués de problèmes relationnels entre les individus.* Aucun sujet de société ne peut s'étudier sérieusement si l'on oublie qu'à la base il y a toujours des individus en relation, des individus en conflit.

Le corollaire de cet axiome est que nous pensons qu'en améliorant la capacité de chacun d'entre nous à communiquer efficacement avec autrui, l'ensemble de la société s'en trouvera mieux. C'est une erreur, selon nous, d'étudier séparément, d'un côté les problèmes personnels et de l'autre les problèmes de société, car les seconds sont construits à partir des premiers.

Toutes les personnes dont la mission est de gouverner et de conduire leurs contemporains devraient appliquer ce genre de méthode.

Le deuxième axiome est issu de la Sémantique Générale, laquelle a vu le jour en 1933, inventée par le comte polonais Alfred KORZYBSKI. Pour faire simple, on peut résumer la sémantique générale, en quelques phrases telles que : *le mot chien ne mord pas* ou encore *la Carte n'est pas le Territoire.* Ce qui signifie qu'il existe une différence de nature fondamentale entre la Carte que je consulte avant de partir en voyage et la route (le Territoire) sur laquelle je vais cheminer. La Carte est une abstraction, alors que le Territoire est concret.

Transposé aux problèmes de tous les jours et aux problèmes de société, ce dualisme signifie que le racisme par exemple, est un mot de la Carte et qu'il n'est pas en rapport direct avec les actes concrets que l'on peut désigner sous ce terme. On peut dire que le mot racisme en soi ne signifie rien ; pour qu'il ait un sens, il faut « *descendre* » au niveau des exemples concrets. Car c'est à ce niveau que sont les problèmes relationnels ; ils ne sont pas au niveau des idées.

Le travail de l'analyste relationnel, quand il étudie un sujet de société, est de se positionner au niveau des exemples les plus concrets possibles, au niveau des interactions entre les individus et au niveau du cerveau de chacun d'entre nous, là où se fabriquent les opinions.

Certes il existe un racisme de la Carte. Si je dis, par exemple, que les « races supérieures », ça existe. Il y a aussi un racisme concret quand je dis que je refuserai à ma fille le droit d'épouser un Noir. Et c'est à ce niveau que je peux intervenir pour améliorer les relations entre les peuples.

Car il est plus facile de modifier des comportements que des croyances, de modifier des actes que des opinions.

Laissons aux intellectuels le soin d'expliquer, de ratiociner et de gloser sur les évènements, cela ne sert à rien quand il faut agir.

Le troisième grand axe de notre méthode nous a été donné par l'Ecole de Palo Alto. Cette Ecole de thérapie nous a montré qu'une très grande partie des conflits, ce qu'on nomme habituellement des *problèmes*, se décrit fort bien en termes de *bugs* relationnels. Les *nœuds* des problèmes à résoudre entre deux individus ne sont pas dans l'esprit de l'un ou de l'autre des protagonistes mais dans la relation elle-même. C'est donc elle qu'il faut soigner. Le *nous* de la relation est le troisième partenaire entre deux individus. Il y a *moi*, il y a *toi* et il y a *nous*, notre relation.

Et ce qui est valable pour deux est valable aussi pour les groupes. Evidemment nous avons du mal à comprendre cela spontanément car, dans tout conflit, dans toute divergence de vue, nous cherchons presque toujours à savoir qui a raison et qui a tort. Se placer au niveau de la relation, c'est épouser, ou du moins chercher à comprendre toutes les opinions, tous les points de vue des protagonistes.

On a alors une vue panoramique, plus exacte et plus descriptive de ce qui se passe réellement, et on est plus à même d'intervenir efficacement.

Palo Alto a mis au jour les règles de base de toute communication, considérée comme un ensemble d'interactions, et nous a donné les moyens et les outils pour améliorer celle-ci.

Ce n'est pas le lieu ici de décrire ces outils ([1]), nous n'en donnerons qu'un exemple : *la ponctuation des évènements*. Dans une bagarre entre deux bandes rivales (nous en verrons un ca récent plus loin), on se demande souvent qui a commencé ? Les enfants se posent déjà cette question : « *c'est pas moi qui ai commencé* », mais apparemment les adultes aussi. Faux problème, car chaque adversaire considère que c'est l'autre qui a commencé et que sa violence n'est qu'une réponse légitime à la violence de l'autre. Le conflit israélo palestinien est un bel exemple de cette ponctuation qui rend le conflit interminable ; les frappes de l'une des parties se font toujours en représailles des frappes antérieures de l'autre. Le malheur est que ce type de conflits est généralement sans fin.

Le quatrième et dernier axe de notre méthode porte sur l'analyse des processus cognitifs qui

____

[1] *Voir en Annexe : pour en savoir plus*

sont les nôtres. Nous savons aussi que certains problèmes qui nous apparaissent insolubles proviennent d'une façon erronée de penser, d'appréhender le réel. Les sciences cognitives nous ont apporté ici un certain nombre de solutions, malheureusement presque jamais exploitées dans le règlement des conflits par les responsables politiques.

Nous possédons tous des *tunnels mentaux* qui sont des biais de raisonnement ; au sens strict, nous pouvons dire que, *la plupart du temps nous raisonnons faux.*

Un de ces biais, qui jouera un rôle important dans la genèse des sentiments de racisme est appelé *l'exemple qui prouve.* J'assiste à un événement, je classe cet événement avec les outils de classement que je possède déjà : mes opinions acquises, puis, je généralise ; ensuite je pourrai affirmer mon opinion en disant : « *Ce que je dis est vrai, la preuve est que l'autre jour… »*. Je cite un exemple comme une preuve, alors qu'un exemple, - un millier d'exemples même -, ne constituera jamais une preuve formelle. Pour prendre un exemple qui fâchera moins, si je pense déjà que les bretons sont têtus, et que je vois mon ami Favennec insister pour dire qu'il a raison, cela va conforter mon opinion préalable et je dirai : « *Il est têtu* ». Et comme il est breton,

je grimpe d'un cran vers la Carte (généralisation) en disant : « *Les bretons sont têtus* ». Ensuite, dans les conversations entre amis, je pourrai affirmer avec le plus grand aplomb : « *Les bretons sont têtus, la preuve est que l'autre jour mon ami...* »
Ce petit livre n'a qu'une prétention : dévoiler quelques mécanismes qui mènent les hommes vers le racisme. Ce qui suppose, au préalable, avoir défini précisément les contours sémantiques du mot : racisme.

LES MECANISMES DU RACISME

> *« Alors, nous serions tous, et toujours, racistes ? Non, pas exactement. Nous sommes presque tous tentés par le racisme, oui. Il y a en nous un terrain préparé pour recevoir et faire germer les semences du racisme, pour peu que nous n'y prenions garde. »*
> Albert Memmi, Le racisme ([2])

Racisme est un mot de l'anti-dictionnaire
(Ou dictionnaire des mots qui ne veulent rien dire)

Le racisme est un des sujets politiques les plus chauds depuis déjà longtemps : il occupe une grande place dans les pages de nos journaux, dans les conversations, et dans les propos officiels de nos gouvernants.

---

[2] *Folio Actuel Gallimard, 1994*

Nous trouvons souvent ce mot accompagné de sa nombreuse famille : négrophobie, antisémitisme, islamophobie, xénophobie...
C'est pourquoi j'ai pensé que ce sujet pouvait être le sujet initial de notre nouvelle collection. (^{3}). Mais, avant de me lancer sur ce sujet sensible, j'ai parcouru quelques livres déjà écrits sur le sujet. Et, comme précédemment quand j'ai étudié la manipulation (^{4}), j'ai trouvé une majorité de livres dont la visée, sur la foi de documents historiques, était de nous dire à quel point ce n'est pas bien... d'être raciste. Ce qui ne résout rien.
Un grand nombre de ces livres étaient de simples récits historiques de faits du passé, de crimes et de guerres à caractère raciste, de l'esclavage à la persécution séculaires des juifs... Il est bon que ces livres existent, mais ce n'est pas mon optique.
Ces livres, je ne les citerai pas ici, car ils ne nous disent rien de ce qui est pour moi le plus important que je résumerai en deux points :
1. Comment le racisme vient-il aux hommes ? Par quels processus devient-on raciste ?

---

[3] *Voir en annexe quelques sujets qui seront traités dans cette collection des éditions ULRICH*
[4] *Voir L'art de manipuler, éditions ULRICH, 1996*

2. Peut-on en guérir ?

Je ne citerai donc dans ce livre que deux ou trois ouvrages, qui, à mon sens, ont bien décrit ces processus et m'ont fait découvrir des voies de recherche insoupçonnées, en même temps qu'ils m'ont montré que je n'étais pas solitaire dans la démarche que j'ai choisie.

On l'a compris : le pratiquant de la méthode Relatio®, se refuse à traiter de sujets abstraits et devant une interrogation du type : « *Etes-vous raciste ?* » répondra toujours : « *Pouvez-vous préciser ce que vous entendez par là ?* ». Où le questionné n'est pas toujours celui que l'on croit.

En tant que créateur de cette méthode, mon analyse est claire : tous ces problèmes ne sont pas comme on le croit des problèmes de société, du moins ils ne sont pas que cela, ils sont aussi des problèmes sémantiques et relationnels et leur approche dépend du sens qu'on donne aux mots. Ce sont aussi des problèmes cognitifs, ils dépendent du fonctionnement de notre cerveau.

Si mes propos ici peuvent paraître provocateurs, ils ne le sont qu'en rapport à nos habitudes de paresse intellectuelle. Tous les spécialistes des études qualitatives le savent : nous avons tous à peu près les mêmes opinions sur tous les sujets. En fait, pour chaque opinion, il y a ceux qui sont *pour* et ceux qui sont *contre*. Nous sortons rarement de ces dualismes qui constituent le fond de nos pensées. Nous savons bien qu'au delà de cette dichotomie issue du principe du moindre effort, la réalité est toujours plus complexe, plus variée que cela. Nous savons que c'est dans les nuances de nos opinions, de nos processus de pensée, et de nos comportements que se situent les différences entre les individus.

Mais nous descendons rarement à ce niveau de détails, car il est plus facile d'affirmer une opinion tranchée et rigide que de ponctuer ses phrases de modulateurs tels que : *quoique, pour autant que je sache, selon moi, parfois...*

Pourtant, les problèmes de notre vie quotidienne ont besoin de ces nuances pour être définis correctement et donc pour espérer trouver quelques solutions.

C'est ce que nous allons essayer de démontrer avec ce premier thème : le racisme.

Sommes-nous tous racistes ? Et si oui, que peut-on y faire ?

Ce livre, comme ceux qui le suivront, n'est donc pas un livre d'opinion. Dans ce livre, et contrairement à beaucoup d'auteurs, je ne prendrai pas position par rapport au racisme.

Je n'étalerai pas mon opinion. Tout simplement parce que je ne suis pas sûr d'en avoir une, en dehors de l'éclairage que m'apporte l'analyse concrète de ce sujet.

Pour nous le mot « *racisme* » et ses petits frères, ne sont que des abstractions, ils appartiennent aux milliers de mots constituant ce que nous avons appelé *l'anti-dictionnaire*. En tant que tel, il n'a aucun rapport avec une quelconque réalité. Ce n'est pas le mot qui ne nous intéresse pas, mais les faits qu'il prétend représenter.

Aussi, avant de se positionner et de prendre parti pour ou contre certaines notions, il faut les définir avec soin, à l'aide de propositions concrètes. Pour nous, il faudrait toujours refuser de se positionner par rapport au *racisme* en général car cela n'a aucun sens ; il faut seulement prendre parti pour ou contre certains actes concrets que l'on voit perpétrer autour de nous. C'est au niveau de ces manifestations concrètes, au niveau de ce que disent et font les gens, tous les jours dans la rue, au bureau, en famille, que nous nous placerons tout au long de ce livre pour démonter les mécanismes du racisme.

Ce qui nous intéresse pourrait se définir ainsi : *que se passe-t-il dans l'esprit de telle ou telle personne pour qu'elle en arrive à émettre telle opinion, ou à se comporter de telle façon ?*

Les trois questions qui nous intéressent sont simples :
1. De quelle nature est le racisme ?
2. Comment devient-on raciste ?
3. Peut-on arrêter ces processus et combattre efficacement le racisme sous toutes ses formes ?
Voici notre interrogation. Notre intérêt se porte sur les processus, pas sur des états, sur des actes, pas sur des opinions.

Mais avant de définir les règles de notre recherche, et avant tout développement, nous devons faire part d'un grand étonnement.

Comme nous pensons le montrer dans ce livre et comme le dit Albert Memmi lui-même ([5]), nous sommes tous enclins à devenir plus ou moins racistes ; le racisme vient aux hommes très facilement mais il en repart très difficilement. Même ceux qui se disent non racistes, voir anti-racistes, (est-ce la même chose ?) le sont sur certains points, ne serait-ce qu'en développant un racisme contre les racistes !

Nous montrerons ici que le racisme n'est pas seulement un ensemble d'idées et d'opinions, ni même un ensemble de comportements, mais qu'il est aussi un sentiment généralement répandu, et qu'il prend sa source souvent dans l'expérience,

---

[5] *Albert MEMMI, Le racisme, Folio 1994*

voire même dans une seule expérience négative.
Notre thèse est que ces processus de pensée sont largement partagés entre tous les peuples, car très dépendants de la façon dont fonctionne le cerveau humain.
Alors, si nous sommes racistes, il est évident que les autres peuples, les autres civilisations, les autres races, le sont aussi.
Comme le dit Albert Memmi : « *Tous les groupes, toutes les classes, toutes les ethnies fournissent leur contingent de racistes* ».
Alors, j'ai cherché dans les librairies en ligne, sur les sites Internet, mais je n'ai pas trouvé à ce jour un seul ouvrage écrit par des Maghrébins, des Juifs, ou des Noirs, qu'ils soient d'origine africaine ou antillaise... traitant de leur racisme envers... nous. Une exception toutefois : les excellents livres de Gaston KELMAN, bourguignon originaire du Cameroun, que nous évoquerons ici à plusieurs reprises.
Cela me choque profondément, mais ce qui me choque encore plus c'est que personne ne semble choqué par cet état de fait. Certes, notre civilisation a commis d'innombrables atrocités envers les populations colonisées, mais les autres aussi.
Alors pourquoi sommes-nous à ce point friands de battre notre coulpe ? Serait-ce un relent de notre

catholicisme que nous tendons la fesse gauche à qui nous a botté la droite ? Nous nous excusons auprès des peuples de les avoir colonisés, infantilisés, battus et brimés, et nous leur laissons prendre la main sur la relation en laissant croire au monde entier que les seuls racistes sont blancs et/ou chrétiens.

Bien sûr, je sais ce que vont me rétorquer les mouvements anti-racistes : historiquement nous avons commencé. « *C'est pas moi qui ai commencé* » disent les enfants. Oui, mais l'Histoire, avec un H, montre bien que l'esclavage, et les atrocités de type racistes, ont été aussi perpétrés par des peuples divers, et bien avant le christianisme et l'avènement de l'Europe. Gaston Kelman nous parle de l'esclavage des Noirs, pratiqué par les musulmans et par les noirs eux-mêmes. Alors ?

Pour l'ethnologue, certes, tous les peuples sont différents dans leur culture, leur façon de manger, de penser, de créer des objets, et c'est cette différence qui fait la richesse de nos échanges avec eux, mais il y a un certain nombre de domaines dans lesquels tous les peuples et tous les individus de ces peuples se ressemblent : c'est dans l'amour et la haine, dans l'acceptation ou le refus de l'étranger.

Ce que je n'ai pas aimé dans un certain nombre de ces livres, c'est le leitmotiv non justifié selon moi qui dit que nous sommes responsables, nous les européens, des agissements de nos ancêtres.

L'optique de l'analyse relationnelle est clair : il nous est impossible de parler avec exactitude, de connaître et de comprendre les époques passées, dans la mesure même où nous avons changé, où notre cerveau ne fonctionne plus de la même façon, où nos critères de jugement sont différents, où nos sentiments ne sont plus les mêmes. Nous vibrons aujourd'hui au moindre son et nous ne supportons plus guère d'appeler un chat un chat.

Si la guillotine existait encore, nos ménagères iraient-elles voir les têtes tomber en amenant leur tricot ? Nos grand-mères iraient-elles encore à la messe avec leur pot de chambre... comme le faisait Madame de Sévigné à Paris ? Car nous avons décrété que la guillotine était inhumaine. C'est pourquoi, nous n'avons pas le droit de juger nos ancêtres et de leur appliquer, comme un sparadrap sur des blessures, nos idées modernes. Et ceux qui disent le contraire, les anti-racistes militants, n'ont pas compris grand-chose à l'évolution de notre culture.

Je ne peux résister au plaisir de citer Gaston Kelman ([6]) : « *Fidèle à la pensée de Frantz Fanon, je le dis, je le redirai, au risque de me répéter jusqu'au radotage, je ne juge pas l'homme blanc d'aujourd'hui responsable ou coupable des comportements de ses ancêtres* »

On peut étudier le racisme de deux façons : soit comme une idéologie prônant des différences entre les peuples, ou les ethnies, soit comme un ensemble de pensées, de comportements et de raisonnements quotidiens.

Pour nous, adeptes du Territoire, le racisme n'apparaît qu'à partir du moment où nous l'exprimons, qu'à partir du moment où nous le montrons dans nos actes.

Le mot *racisme* est une abstraction, une étiquette commode pour manipuler et être manipulés.

Et toute personne pratiquant a minima *l'autodéfense intellectuelle* ([7]) devrait refuser de discourir, de dialoguer ou de répondre à des questions sur le racisme, sans automatiquement et immédiatement arrêter le partenaire par des :

---

[6] *Gaston Kelman, Au delà du noir et du blanc, Max Milo Editions, 2005*

[7] *Normand Baillargeon : Petit cours d'autodéfense intellectuelle, Lux Editeurs, 2007*

« *Précisez, je vous prie quels sont les comportements que vous appelez racistes ?* ».
C'est pourquoi, avant de disséquer cette notion, nous allons visiter quelques définitions habituelles du mot et des termes associés.

Une salade de mots pour se mettre en appétit :
quelques définitions

Notre thèse centrale est que tous les problèmes
humains, dits *de société* sont aussi des problèmes
sémantiques. La façon de les penser et d'agir sur
eux, dépend, en grande partie, des définitions et
du sens que l'on donne aux mots que l'on utilise.
Mais une définition, c'est quoi ? On peut penser
naïvement que c'est ce qui se trouve dans les
dictionnaires. Et pourtant un dictionnaire n'est
jamais qu'un cimetière de mots et il est toujours
préférable d'observer les mots en action, dans les
phrases concrètes qu'ils forment entre eux.
Pour nous, le sens d'un mot n'est pas donné par
sa définition, mais par l'utilisation que l'on en
fait dans les phrases réelles que nous prononçons.
Malgré ces remarques, commençons par consulter
nos bons vieux dictionnaires et leurs définitions.
Nous prendrons les dictionnaires récents, car le
mot racisme n'apparaît que dans les années 1900
dans le langage français.
Le Petit Larousse, nous donne, comme il le fait
souvent deux définitions :
1. Idéologie fondée sur la croyance qu'il existe
une hiérarchie entre les groupes humains, les

« races » ; comportement inspiré par cette croyance

2. Attitude d'hostilité systématique à l'égard d'une catégorie déterminée de personnes. *Racisme envers les jeunes.*

En oubliant de mentionner « *par extension* » pour la deuxième acception, le Larousse commet l'erreur d'élargir le sens du mot à d'autres types de population. Certes, c'est la tendance assez générale de nos contemporains, mais ce n'est pas notre position. La position du sémanticien est assez claire sur ce point : plus un mot peut posséder des sens différents, moins il signifie, et plus il est abstrait. C'est une source de malentendu entre personnes qui n'ont pas de ce mot la même définition, la même vision, la même expérience. Notre position est donc de garder le mot racisme pour désigner des sentiments hostiles envers des races, ou peuples...

Voyons le Petit Robert :

1. Théorie de la hiérarchie des races, qui conduit à la nécessité de préserver la race dite supérieure de tout croisement, et à son droit de dominer les autres. *Le racisme n'a aucune base scientifique.* Ensemble de réactions qui, consciemment ou non, s'accordent avec cette théorie.

2. Abusivt. Hostilité systématique contre un
    groupe social. *Racisme envers les femmes.*

On note la position de ce dictionnaire qui
mentionne que l'extension du mot à d'autres
domaines est inappropriée, abusive.

On note aussi que le Robert prend parti contre
l'idée de race. On note enfin qu'il introduit l'idée
de dominance et d'inégalité vis-à-vis des autres
peuples dans sa définition du mot.

Dans les deux cas, nous voyons que le racisme est
bien défini par sa double entrée : d'un côté celle
des opinions et de l'autre celle des actes
concrets.

Nous constatons que ces deux dictionnaires n'ont
pas totalement évacué le concept de race,
malgré la multiplication des écrits tendant à nous
prouver que, scientifiquement, sur le plan
biologique, les races n'ont aucun fondement.

Ce n'est pas l'avis de tous, loin de là. Nous savons
qu'un pourcentage important de français, d'après
les sondages, croient encore au concept de race,
à peu près les deux tiers d'entre eux.
Et pas seulement les ignares. A l'heure où j'écris
ce livre, le 13 novembre 2008, une émission
tardive sur Arte intitulée « Paris - Berlin » et
présentée par Isabelle Giordano a opposé en des
débats assez courtois plusieurs personnalités sur
le thème du métissage. La discussion a

inévitablement porté à un moment sur la notion de « *race* ». Le journaliste et écrivain Eric Zemmour, a clairement dit que, pour lui, les races existaient, qu'il y avait la race blanche, la race noire... etc. Bien sûr, il fut fort critiqué. Quoi qu'il en soit, si la race n'existe pas, si c'est juste une illusion de nos ancêtres peu cultivés, alors il faut se poser la question : pourquoi continue-t-on à parler de *racisme* et non pas de *culturophobie* ou de n'importe quoi en -*phobie* ou en -*isme*. Et, surtout pourquoi ceux qui luttent contre le racisme, ont-ils gardé le concept de race dans le nom même de leurs mouvements : on parle bien *d'anti-racisme* ou de *Sos-Racisme* ? Mais ce sont là des discussions d'intellectuels qui ne changent rien au sentiment de racisme ; ce n'est pas en changeant de nom ou en obligeant l'homme de la rue à se pencher sur les réalités de la biologie moléculaire à laquelle il ne comprend pas grand chose, que le visage de l'autre, de l'étranger, nous paraîtra moins repoussant.
Passons au mot suivant : antisémitisme. Toujours dans le Robert, *l'antisémitisme* est défini comme le racisme envers les Juifs, simplement.
Il est clair pour le commun des mortels que nous sommes, que le racisme envers les Juifs est une

sorte de racisme de même nature que les autres,
au même niveau que les autres.
Albert MEMMI écrit :
« *On a prétendu que l'antisémitisme était
totalement différent du racisme. Je ne le pense
pas. Sans doute il ne coïncide pas avec aucun
autre ostracisme ; il n'en est pas moins une
variété de racisme.* » (p 82)
Alors, par quel mystère utilise-t-on partout
l'expression : *lutte contre le racisme ET
l'antisémitisme*. Ne devrait-on pas dire, en toute
logique : *lutte contre le racisme DONT
l'antisémitisme*. A moins que ce slogan ne
signifie : *lutte contre le racisme, et
particulièrement l'antisémitisme* ?
Cette dernière possibilité laisserait entendre que
le racisme anti-juif serait plus grave que les
autres formes de racisme. Or, en affirmant qu'un
racisme est plus grave qu'un autre, on fait preuve
de racisme. Pas moyen d'en sortir, le labyrinthe
est bien conçu.
Pour l'homme de la rue, il semble aussi que le
terme de *xénophobie* soit synonyme de racisme. A
strictement parler, ce terme signifie : peur de
l'étranger et que le racisme pointe du doigt en
général les étrangers. Toutefois, pour le
sémanticien, qui est toujours un peu bête, s'il
existe deux mots c'est qu'il y a aussi deux

notions, et il convient de ne pas les amalgamer et de conserver la nuance. Pour nous, la *xénophobie* n'est pas du racisme car elle s'apparente seulement au sentiment *naturel* (quoique !) de peur de tout ce qui est étranger à notre sphère privée. Peur n'est pas automatiquement haine, même si on peut considérer que c'en est l'antichambre.

Nous pouvons aussi analyser la place dans les textes des mots en -*phobie* qui sont devenus fort nombreux. Celui qui nous gêne le plus est *islamophobie*, ou phobie de l'Islam. Nous avons, en tant qu'analyste sémantique, au moins deux raisons de refuser l'utilisation de ce terme et d'en refuser la signification de racisme qu'il prétend briguer.

La première raison est que le racisme combat des races, ou des peuples, ou des cultures, comme vous voulez, alors que l'islamophobie est la critique d'une religion. Pour nous, combattre des hommes est toujours discutable, cela peut être même parfois condamnable, mais combattre des idées, c'est combattre des abstractions, et c'est plutôt salutaire. Cela prouve que nous avons encore un peu de sens critique et c'est plutôt réconfortant. Il ne faut pas confondre les critiques contre nos idées et les critiques personnelles. Je peux vous trouver intelligent et penser que telle ou telle de vos opinions est stupide. Je n'aime pas ta façon de cuisiner, mais je n'ai pas dit que tu étais nulle. Je n'aime pas ta religion mais je te respecte en tant qu'homme. Houellebecq l'a dit : la religion musulmane est la plus stupide qui soit, et malgré les hauts cris de tous les organismes anti-racistes, il a été relaxé.

Pour la philosophie de l'analyse relationnelle, les religions, toutes les religions, ne sont rien d'autre que des inventions des hommes. L'homme a créé Dieu (ou les dieux) et non le contraire. Par commodité, pour expliquer ce qu'on ne pouvait comprendre autrement.

Maintenant, à une époque où la science (malgré toutes les critiques qu'on pourrait apporter aussi à celle-ci) nous a donné un mode de vie confortable et nous a appris surtout à raisonner de façon plus logique, les religions peuvent apparaître comme des fantômes du passé obscurantiste, loin derrière nous, des anachronismes. C'est de la science-fiction et ceux qui s'obstinent à y croire peuvent être comparés à des débiles mentaux. (Ceci est une opinion).

Et les religions, dans la mesure où les interdits et les obligations sont nombreux, peuvent apparaître comme des croyances handicapantes et rétrogrades en notre siècle de Lumières.

A ce titre, il semblerait que la religion musulmane soit celle qui illustre au plus près la boutade de Coluche : *tout ce qui n'est pas interdit est obligatoire.*
La deuxième raison que nous avons de refuser le terme d'Islamophobie est qu'il a été forgé par les islamistes eux-mêmes. Comme le disent Caroline Fourest & Fiammetta Venner : « *Le mot "islamophobie" a une histoire, qu'il vaut mieux connaître avant de l'utiliser à la légère. Il a été utilisé en 1979, par les mollahs iraniens qui souhaitaient faire passer les femmes qui refusaient de porter le voile pour de "mauvaises musulmanes" en les accusant d'être "islamophobes"* ».
Il ne faut pas confondre racisme et critique laïque contre une religion et ne plus employer le terme *islamophobie* si l'on ne veut plus se faire manipuler par les musulmans eux-mêmes. C'est aussi la position de Christian GODIN. ([8])
Quant au dictionnaire Robert, il définit l'islamophobie comme une forme particulière de racisme dirigée contre l'Islam *et* les musulmans, validant du coup l'usage courant de l'amalgame. Si le Robert donne le mauvais exemple !
On peut fort bien critiquer l'Islam sans critiquer

---

[8] *Christian GODIN, le Racisme, Editions du Temps, 2008*

automatiquement les musulmans en tant qu'être humains ayant le droit de croire à ce qu'ils veulent.

Je pense qu'on peut adopter des positions similaires contre tous les termes en -*phobe* ou -*phobie*, tels que *judéophobie* ou *négrophobie* qui n'ont aucune valeur ajoutée par rapport aux mots *racisme* et *raciste*, si ce n'est pour embrouiller le débat et nous faire croire qu'il existe différentes sortes de racisme.

J'ai même appris, an lisant Christian GODIN, qu'il existe aussi un terme pour désigner le racisme anti-blancs, bien que la plupart des auteurs, journalistes, nous disent que cela n'existe pas : *leucophobie*. Visages pâles, gare à vous !

Rapellons que la thèse centrale du sémanticien est que plus il existe de mots différents pour désigner une idée, une philosophie, plus celles-ci prennent de l'importance dans les débats.

Alors, combattre le racisme serait peut-être plus aisé si l'on commençait par diminuer la pléthore de mots inventés par les exégètes, qui compliquent les dialogues et attisent les conflits.

Quand les intellectuels s'en mêlent, tous les problèmes s'aggravent.

Je voudrais maintenant soulever quelques points de sémantique pouvant certainement éclairer en partie comment à ce jour on aborde le problème du racisme. On parle du racisme anti-arabes, que certains on l'a vu, appellent à tort *islamophobie*, du racisme anti-juif (ou judéophobie parfois ou plus souvent antisémitisme) ou encore du racisme anti-Noirs.

Certains, souvent des intellectuels, ont inventé et fait le succès de ces mots, et nous, derrière, petits moutons sans réflexion, les suivons en faisant une belle salade mélangée de mots.

Juste trois remarques.

Parler d'antisémitisme pour parler du racisme anti-juifs, est au sens strict, une erreur, car les arabes sont aussi des sémites. Alors pourquoi réserver ce mot à une seule fraction de sémites ? Nous préférons *anti-juif* ou encore *judéophobie*, malgré la remarque que cela ramène le racisme au niveau d'une phobie, donc d'une maladie mentale, ce qui, de notre point de vue est faux. Les racistes sont sains d'esprit, ou du moins il n'y a pas plus de malades chez eux que chez les non-racistes.

Deuxième remarque : on met en face à face le juif et l'arabe, avec ou sans leurs religions. Mais l'extension du signifié de ces mots n'est pas la même.

Nom\Concept	Peuple	Religion
Juif	Juif	Juif

Arabe	Arabe	Musulman

La sémantique nous tend parfois des pièges, mais il n'est pas innocent de constater que, pour les juifs nous n'avons qu'un seul mot pour désigner le peuple (si peuple il y a) et la religion ; les arabes (s'ils sont musulmans) ont la chance d'en avoir deux.

Ce qui nous oblige à étudier si l'on veut aller plus loin, la sémantique raciste anti-peuple et la sémantique des anti-religion. Est-on anti-juifs à cause du peuple et de son histoire... ou à cause de la religion comme ce fut le cas dans les siècles passés (Ils ont tué le Christ !) ?

Est-on anti-arabes pour des raisons historiques (la guerre d'Algérie), ou économiques (« *Ils viennent manger le pain des Français et leur prendre leur travail* »), ou parce que leur religion est stupide, moyenâgeuse ?

Peut-on être anti-musulman sans être anti-arabe ? Je crois que oui, et j'en suis un exemple. Peut-on être hostile à la religion juive sans être hostile aux Juifs, je crois aussi que oui et pour la même raison.

Maintenant, si nous inversons la question : peut-on être hostile aux juifs et aux arabes sans être hostile aussi à leur religion ? Cela me semble plus difficile. Car la religion colle à la peau de ceux qui en ont une, alors que la « race » n'est pas liée aux religions. N'importe qui peut être musulman, même le breton ou l'auvergnat pur jus.

Avec encore un bémol de plus : tous les arabes ne sont pas musulmans (mais presque), et tous les musulmans ne sont pas arabes.

Ma troisième remarque sera plus grammaticale. Beaucoup d'auteurs écrivent les termes Arabes, Juifs... en majuscules. Cela me semble légitime si l'on parle du peuple en général, mais pas lorsqu'on évoque un arabe ou un juif particulier. Et pourquoi parler des Noirs. Ce terme ne signifie, il me semble, ni un peuple déterminé, ni une religion, seulement un attribut physique. Et encore, il y a autant de variétés de couleur noire que de personnes, ou presque.

A ce propos, je me souviens d'une discussion avec un chauffeur de taxi sénégalais, d'une couleur de peau la plus noire possible. Nous parlions tous deux de ces gens qui, ayant quitté jeune leur pays d'origine pour venir vivre en France, finissent, non pas par avoir deux cultures, comme le croient les innocents à vue courte, mais par ne plus avoir de culture du tout. D'ailleurs, ces phénomènes d'acculturation sont bien étudiés en ethnologie. Nous évoquions la similitude entre son vécu et celui de mon épouse. Tous deux avaient la même expérience ; en France, on les regarde encore comme des étrangers, du moins comme des gens aux faciès étranges venus d'ailleurs et chez eux comme des métropolitains. Les réunionnais disent des *zoreilles*. Pardon ami d'un jour ! Ce sénégalais me disait qu'en arrivant dans son pays avec sa famille, ses amis se moquaient de lui parce qu'il ressemblait à un métropolitain. Je lui ai demandé à quoi ses amis voyaient cela dès la descente d'avion. Il m'a alors montré son bras, du plus beau noir noir, et m'a dit : parce que maintenant je suis plus blanc qu'eux. Il est clair que la perception est subjective et que nous voyons le monde par rapport à nous. Personnellement je ne voyais pas comment il était possible d'être plus noir ; ma culture m'empêchait de voir ce que mon esprit ne pourrait concevoir.

Bref, qu'on dise les noirs africains, les antillais... mais de grâce arrêtons d'amalgamer des peuples aussi différents entre eux sous un seul vocable.

On arrive ici à un petit paradoxe : alors que le racisme naît de la perception de différences, on voit aussi qu'il peut exister un racisme issu de notre aveuglement et de la disparition de ces distinctions. Si l'on ne fait plus de différence entre tous les noirs, qu'ils soient sénégalais, ivoiriens, antillais, réunionnais... n'est-ce pas aussi une autre forme de racisme ?

J'aime les différences car c'est ce qui fait la richesse de notre monde, mes études d'ethnologie m'ont appris que chaque peuple possède sa propre culture, malheureusement souvent en déshérence et liquéfiée dans notre pseudo culture mondiale. Aussi, je n'admets pas qu'on parle des Noirs en général, ni même des noirs en minuscules, mais de telle ou elle ethnie, de telle ou telle origine, oui.

On pourrait faire les mêmes remarques au sujet des asiatiques que l'on écrit souvent avec une majuscule. Cela ne veut rien dire, les asiatiques ne sont pas un ensemble cohérent. Il y a des différences considérables entre les vietnamiens, les chinois, les japonais et autres coréens. Et encore peut-on aller plus près de la réalité en distinguant, au sein d'un même pays aussi grand que la Chine, des différences selon qu'ils habitent les grandes villes, ou la campagne, le Nord ou le Sud... ?

Mais le racisme anti-asiatiques est très peu exprimé, nous en verrons quelques raisons plus loin. Sinon au travers de quelques expressions telles que jaunes, chinetoques... et on peut aussi remarquer qu'il semble que ces propos racistes apparaissent comme moins condamnables aux yeux de nos législateurs.

A la recherche d'une définition du racisme

Revenons aux définitions possibles du terme de racisme, qui est le centre de notre propos. Ou plutôt essayons de dépasser la simplicité voire le simplisme des dictionnaires scolaires en faisant appel à quelques spécialistes de ce problème.
Rapellons d'abord, pour situer historiquement le problème, que le terme de racisme n'entre dans le dictionnaire Larousse qu'en 1932 et que sa première apparition semble dater de 1902. Est-ce à dire qu'il n'y avait pas de racisme avant cette date ? Tout dépend de la définition qu'on donne de ce terme, ce que nous allons voir.
Christian Delacampagne, dans son *Histoire du racisme*, le définit ainsi : « *Toute forme de haine de l'autre en tant qu'autre, fondée non pas sur ce que l'autre fait, mais ce qu'il est réputé être* ».
Selon cette définition, il est clair que le racisme est un sentiment ; en tant que tel, il ne s'explique pas, il ne se rationalise pas. Et si l'on s'en tient à cette définition, force est de reconnaître que nous ne pouvons rien y faire. On ne lutte pas conte un sentiment à l'aide d'arguments rationnels ni même en faisant appel à un arsenal répressif.

Cette définition ne nous dit rien sur les éventuelles raisons qui ont fait naître cette haine, ni sur les circonstances qui lui ont donné sa justification. Un autre inconvénient de cette définition trop large est que l'autre n'est pas défini ; alors si je hais ma voisine qui fait sa vaisselle à minuit, suis-je raciste ? Albert Memmi fait le distinguo entre racisme et ce qu'il a appelé *hétérophobie* ou détestation de l'autre. Pour lui, on ne doit pas confondre ces deux notions, le racisme n'étant qu'une forme d'hétérophobie.

Certains auteurs ont eu tendance à élargir la notion de racisme à l'ethnocentrisme, c'est-à-dire au fait de préférer sa propre culture à celle des autres. Dans ce cas tout le monde est raciste et il vaut mieux éviter d'arriver à cette conclusion car, si tout le monde est raciste, comme le dit Christian Godin « *alors le combat contre le racisme est perdu d'avance* ».

Il est clair pour l'opinion publique que le terme *racisme* fait bien référence à la notion de race ([9]), ou si l'on veut à la notion de culture, avec tout ce que mot-valise peut contenir en son sein :

---

[9] *Un sondage gouvernemental (le CNCDH) montre qu'une majorité écrasante de français continuent à penser en termes de races, nous y reviendrons ailleurs.*

façon de parler, de s'habiller, de manger... et aussi de prier, de croire et de penser.

L'autre est celui qui ne pense pas et ne vit pas comme moi, et il serait contre nature que je préfère sa culture à la mienne.

L'ethnocentrisme n'est pas du racisme.

Christian Godin nous dit :

« Chaque peuple se voit spontanément au centre d'un cercle dont les autres peuples forment la circonférence »

Le vocabulaire de presque tous les peuples montre bien cela. A l'instar des chinois qui se nomment comme l'Empire du Milieu, tous les peuples se désignent sous des noms flatteurs par opposition aux autres, les étrangers ; ils sont les bons, les excellents, les hommes tout simplement. Et les autres peuples sont les Barbares, les Goys, les Infidèles, les gavatchs...

Il est naturel que nous regardions le monde à partir de notre lunette, tout ce que nous voyons, toutes les personnes que nous fréquentons, y compris notre propre famille, sont extérieures à nous, et dans notre vision psychologiquement panoramique, plus on s'éloigne de moi et des miens, moins j'ai d'intérêt et d'affection pour les personnes. Nous fonctionnons tous ainsi, et nous ne pouvons rien y faire. C'est pourquoi, s'il est possible de lutter contre le racisme il est impossible de lutter contre l'ethnocentrisme. Ce serait même une erreur, car une personne, un groupe, un peuple qui ne s'aime pas, peut-il aimer les autres ? Il ne faut pas suivre les personnes et les associations ou encore les représentants de nos gouvernants qui font l'amalgame entre ces différentes notions.

Tout le monde est ethnocentrique et nos chefs d'Etat se doivent de l'être plus que d'autres, car leur rôle n'est-il pas de nous protéger aussi contre les dangers de l'extérieur ?

Citons les propos de de Gaulle, rapportés par Jacques Marseille ([10]) :

« Il ne faut pas se payer de mots ! C'est très bien qu'il y ait des Français jaunes, des Français noirs, des Français bruns. Ils montrent que la France est ouverte à toutes les races et qu'elle a une vocation universelle. Mais à condition qu'ils restent une minorité. Sinon la France ne serait plus la France. Nous sommes quand même avant tout un peuple européen de race blanche, de culture grecque et latine et de religion chrétienne ».

Et, plus loin : *« Qu'on ne se raconte pas d'histoires ! Les musulmans, vous êtes allés les*

---

[10] *Jacques Marseille : Du bon usage de la guerre en France, Perrin, 2006*

voir ? Vous les avez vus, avec leurs turbans et leurs djellabas ? Vous voyez bien que ce ne sont pas des Français ! Ceux qui prônent l'intégration ont des cervelles de colibri, même s'ils sont très savants. Essayez d'intégrer de l'huile et du vinaigre. Agitez la bouteille. Au bout d'un moment ils se sépareront de nouveau. Les Arabes sont des Arabes, les Français sont des Français »

Ces propos libres qui, aujourd'hui feraient scandale et seraient condamnées par tous les bien-pensants, ont été tenus par De Gaulle à Alain Peyrefitte le 5 mars 1959.

Alors, comment définir le racisme afin de lui donner des frontières au delà desquelles il s'agit d'autre chose ?

Il nous semble que la définition d'Albert MEMMI soit la plus pertinente. Il fait d'abord remarquer que la notion de racisme est indissociable de la notion de différence ; *je ne peux être raciste si je ressens l'autre comme mon semblable.*

Voici donc sa définition centrale :

« Le racisme est la valorisation, généralisée et définitive, de différences, réelles ou imaginaires, au profit de l'accusateur et au détriment de sa victime, afin de légitimer une agression. »

Cette définition nous convient assez bien dans la mesure où d'une part elle est assez complète pour englober tous les actes racistes possibles et que, d'autre part, elle met des barrières claires au concept en l'empêchant de s'échapper hors de ses frontières.

Dans cette définition, nous trouvons plusieurs pistes de recherche et de réflexion. Premièrement cette notion de *différence* est essentielle et il suffit qu'elle soit perçue pour devenir une réalité. Deuxièmement, cette différence doit concerner tous les membres d'une même race, ou peuple si l'on veut. C'est ici que nous retrouvons notre fil conducteur : *le racisme est une généralisation*. Je ne peux pas être raciste seulement contre mon voisin antillais qui fait hurler la musique zouk toute la nuit, mais contre tous les antillais parce qu'ils lui ressemblent ou, plutôt parce que je suppose qu'ils lui ressemblent. Et c'est en cela que je commets une erreur de pensée : *une généralisation abusive*.

Et, troisièmement, il faut qu'il y ait agression, verbale, physique ou seulement intériorisée pour qu'il y ait racisme. Il y a le racisme en pensée, le racisme en paroles, et le racisme en actes, et selon nous, il s'agit souvent d'étapes dans la genèse du racisme, et aussi de degré de gravité.

C'est pourquoi, j'aurais tendance à ajouter à la définition, après le mot « agression » : « *que celle-ci soit réelle ou seulement virtuelle* ».

Personnellement, j'ajouterai encore quelques points à cette définition, pour une meilleure compréhension, non pas du racisme en soi, mais du chemin parcouru dans nos esprits pour en arriver là. Le racisme vient facilement à l'homme.

Le racisme est un sentiment contenant de la haine, du mépris, mais aussi parfois de l'admiration, et en tant que sentiment il semble ne pas pouvoir être contrôlé.

Et le racisme vient très souvent de l'expérience, d'une seule expérience parfois comme nous en donnerons des exemples plus loin. A l'origine du sentiment de racisme il y a toujours (ou presque) une expérience, un élément extérieur à nous qui est venu percuter notre esprit et nous amener à généraliser.

C'est ainsi que nous en arrivons à notre propre définition du terme racisme : « *Le racisme est* un sentiment de *valorisation, généralisée et définitive, de différences, réelles ou imaginaires,* à partir d'une expérience vécue *au profit de l'accusateur et au détriment de sa victime, afin de légitimer une agression*, réelle ou imaginée. »

L'objet de ce livre est totalement inclus dans cette définition.

Nous ne sortirons pas de ces frontières sémantiques.

Mais, n'oublions pas qu'il s'agit encore d'une définition trop abstraite, et que, pour l'analyse relationnelle, étudier le racisme c'est en étudier les manifestations concrètes, et essayer d'en déduire des règles de comportement.
Ce n'est qu'à partir de cette découverte, que l'on pourra chercher les éventuelles voies pour nous en débarrasser.

Les extensions du mot racisme

Plus le sens que l'on attribue aux mots est précis, plus il trace une frontière nette au delà de laquelle d'autre mots sont nécessaires pour désigner ce que l'on examine. Plus les définitions sont précises, plus l'ensemble des personnes utilisant ces mots sont d'accord avec ce qu'ils signifient et moins il y a de malentendus, moins il y a de conflits. C'est pourquoi le linguiste et le sémanticien doivent lutter contre cette tendance naturelle des langues vivantes d'élargir le sens des mots, par associations d'idées, aux notions voisines de sa signification d'origine. Ce n'est pas seulement un problème de spécialiste du langage, mais aussi un problème social et politique, comme on peut le voir clairement avec les mots du racisme.

En sémantique, on attache une grande importance, non seulement aux définitions des mots mais surtout à la façon dont ils sont utilisés dans des phrases concrètes, par les usagers de la langue, comme on dit dans les chemins de fer. La langue, comme nous l'ont appris les meilleurs linguistes, à commencer par le créateur de la linguistique moderne, (un certain Ferdinand de Saussure), est un système vivant. Toujours en évolution, toujours mouvante, ce ne sont pas les clercs qui la font évoluer, mais le peuple. Parfois guidée, il est vrai par ceux qui savent fabriquer le consensus : les gouvernants, les journalistes et les intellectuels de tous bords qu'on voit à la télé de tous bords. Et ça fait du monde pour nous dire comment penser et nous lever le matin.

Hors, le sémanticien le sait, presque tous les mots possèdent plusieurs significations, c'est-à-dire pour faire savant qu'il doit y avoir des rapports différents d'un locuteur à l'autre, entre le *signifiant* (le mot lui-même en tant que son) et son (ses) *signifié* (ce qu'on entend par là, son sens).

Un phénomène bien connu vient troubler cette belle sérénité de linguiste, quand le mot se met à dériver au fil des courants de pensée et des associations d'idées. Au fil du temps, il se met à phagocyter les significations voisines et son signifié devient de plus en plus vaste et de plus en plus éloignée de celle qu'il avait au départ.

Par association d'idées, le peuple bourre certains mots de significations nouvelles comme on bourre une valise, jusqu'au moment où elle ne ferme plus.

Si le sémanticien a peur de ce phénomène pourtant quasi inévitable, c'est qu'il sait que plus un mot veut signifier de choses différences, moins il signifie. Avec un danger inévitable : plus le sens d'un mot s'éloigne du concret, plus il devient une arme possible entre les mains des grands manipulateurs qui veulent diriger nos opinions.

Or, plus un mot évoque des sujets brûlants, plus il aura tendance à évoluer rapidement, à prendre d'autres mots sous son aile, voire même à s'inventer sa propre lignée.

Il en est ainsi du terme racisme qui a vu rapidement sa famille de significations s'agrandir ; on parle maintenant de racismes dans des cas, qui, pour le sémanticien n'ont rien à voir. On parle du racisme anti-jeunes, mais aussi anti-vieux, du racisme envers les femmes... Il est vrai que les mécanismes sont en partie les mêmes et que la définition d'Albert Memmi pourrait s'appliquer aussi à ces nouveaux racismes. Toutefois, il ne s'agit là que de racisme par analogies et parler de racisme envers les femmes n'ajoute rien, ni à la qualité des analyses, ni à la découverte d'éventuelles solutions, par rapport aux anciennes formules évoquant les conflits entre hommes et femmes.

Il faut résister à ces analogies, ne pas les utiliser, refuser d'être dupes, car ils embrouillent, compliquent et finissent par bloquer la réflexion. Même si les femmes estiment avoir vécu des siècles sous la férule des hommes (ce qui reste à prouver), il n'en reste pas moins impossible d'utiliser en parlant d'elles aucun des mots relatifs au racisme entre peuples ; on ne peut parler ni de colonisation, ni de ségrégation, et encore moins de génocide. Pour autant que je sache. On serait bien embêtés, d'ailleurs sans elles.

Pour nous, que ce soit vis-à-vis des femmes, des jeunes, des vieux, des prolos, des patrons... les sentiments de haine, de mépris, existent certes et méritent d'être traités et si l'on veut les résoudre. Mais de grâce ne parlons pas de racisme, au risque de voir demain les syndicats, les voyous, les concierges (du moins celles qui restent), parler de racisme anti.... Il suffira d'isoler une partie de la population en un ensemble presque homogène, d'examiner les problèmes relationnels que l'on rencontre avec ce sous-ensemble, et nous voici embarqués vers un nouveau problème à traiter. L'école de Palo Alto nous explique bien que c'est là la meilleure façon de se créer des problèmes ; plus il y a de mots qui fâchent, plus il y a de soucis à se faire. Je conseille à ce propos une lecture saine, l'excellent livre de mon maître à penser Paul

Watzlawick (hélas décédé en 2007) intitulé
« *Faites vous-même votre malheur vous-* » ([11])
En fin de compte, nous traiterons ici du racisme,
de ses manifestations au niveau des individus, de
la façon dont il naît en chacun de nous, et des
traitements possibles pour en diminuer les effets
secondaires, sinon à l'éradiquer, du moins à en
diminuer la pernicieuse influence sur nos vies et
celles des autres.

---

[11] *Paul Watzlawick, Faites vous-même votre malheur
, Le Seuil, 1984*

Les 4 piliers de la thèse centrale

La thèse générale qui est le fil conducteur de l'ensemble de la collection *Nouvelles Visions*, est simple à énoncer : tous les sujets de réflexion définis par des mots abstraits, doivent être revus à la lumière des faits et subir une double analyse : *sémantique* d'abord (les mots et le sens qu'on leur donne) et *relationnelle ensuite* (qui dit quoi et dans quelles circonstances ?)
L'application stricte des axiomes et principes de l'analyse relationnelle au problème du racisme nous donne les quatre portes d'entrée suivantes pour lui apporter une nouvelle vision :
Idée 1 : le racisme en soi n'existe pas. Attention, il n'est pas question pour nous de nier les propos et actes dits racistes, souvent violents et presque toujours inacceptables, auxquels le monde a assisté, assiste encore et, probablement assistera toujours, mais seulement de mettre en avant la thèse centrale de la Sémantique Générale, selon laquelle le racisme n'est pas contenu dans les mots, mais dans des interactions concrètes entre des individus ou des groupes.
Le mot chien ne mord pas disait le créateur de cette thèse.

Et les mots ne sont pas racistes, ce sont les gens qui le sont. Et le mot *racisme* n'a jamais nui à personne.

Les mots ne sont pas racistes, ce sont les gens qui le sont.

Une partie de notre travail dans ce livre sera de faire correspondre les mots abstraits du racisme : racisme, antisémitisme, xénophobie... à des actes et des processus de pensée concrets, présents en chacun de nous.

En effet, on peut aborder le problème du racisme à deux niveaux différents : ou bien, au niveau de la Carte abstraite, le traiter comme une idéologie, une philosophie, un ensemble de croyances, ou bien, au niveau du Concret, comme un ensemble de comportements, verbaux ou non et comme un ensemble de raisonnements quotidiens.

Dans les deux cas, il sera important de définir la frontière de ce mot et des actes qui vont avec, en se posant la question : à partir de quand, ou plutôt de quoi (acte, opinion...), pouvons-nous parler de racisme ?

Idée 2 : il existe des degrés dans le racisme.

Il faudrait créer une échelle de Richter des actes et des pensées racistes, qui permettrait de situer chaque personne clairement sur cette échelle, allant du 0 degré du racisme (si cela existe) jusqu'à 100% de racisme (si cela existe aussi).

Bien qu'une échelle de ce genre soit contestable, il semble qu'on pourrait la créer. Même si un trop grand nombre de personnes, pour des raisons idéologiques surtout, s'opposerait à une telle entreprise.

Cette échelle pourrait lister toutes les opinions et tous les comportements possibles et les classer du plus léger au plus sévère.

Idée 3 : le racisme est affaire de sémantique et de généralisation.

La généralisation est un processus constant, inévitable et permanent dans nos esprits, surtout en Occident. On se moque de ces personnes (*pauvres belges !*) qui arrivent en France et qui, voyant une fille rousse dans la rue, disent : *les françaises sont rousses*. Mais, à des degrés moindre peut-être, (quoique), nous faisons tous ainsi. Nous montrerons qu'il suffit d'un petit nombre d'observations, voire même d'une seule interprétation de ce que l'on a vu (donc de ce que l'on croit avoir vu) pour généraliser et accuser telle ou telle ethnie des pires défauts et des pires intentions.

Un de mes amis dit ne pas trop aimer les Juifs. Il justifie cela par le fait qu'une fois, alors qu'il était convié à un mariage entre juifs, les mariés et les invités l'ont ignoré toute la soirée. Donc : *les juifs sont...* (Mettez ce que vous voulez derrière ces mots, ce sera toujours une ânerie !).

Idée 4 : le racisme est un trouble cognitif.

Dans ce livre, nous l'avons dit clairement, nous nous intéressons au racisme, du point de vue des individus et nous essayons de voir comment ce sentiment naît et meurt en chacun de nous.

Nous risquons de devenir racistes, simplement parce que notre cerveau est très attentif aux différences et que toute différence est facilement perçue comme une agression. L'autre n'est pas comme nous, donc avant d'être notre ami, nous le considérons souvent avec méfiance. Si en plus, il est noir !

La peur de l'autre existe et il faut déjà une assez grande culture pour éradiquer cette peur ancestrale. Nous voyons l'autre comme différent de nous avant de comprendre que, finalement, il est notre semblable.

Il faut une démarche volontariste pour passer de l'état primaire d'un racisme à fleur de peau à l'état réfléchi de celui qui ne ressent plus ce sentiment.

C'est peut-être pourquoi certaines études (que nous évoquerons plus loin) ont, semble-t-il, montré que le sentiment de racisme est moins aigu chez les personnes cultivées que chez les autres. Pour ne pas être raciste, il faut faire un effort intellectuel.

Il faut que le rationnel combatte l'instinctif, mais l'instinctif reste vivant, bien caché dans les recoins de notre esprit, même étouffé sous les couches culturelles de notre éducation hyper-conceptuelle.

Si l'on combine ces phénomènes avec l'idée précédente, on comprend pourquoi on observe souvent que, dans un premier temps, on voit l'autre comme différent de nous (et *différent* est assez proche d'inférieur) et dans un deuxième temps nous voyons tous les autres comme semblables entre eux.

« ... *concernant les êtres humains, il n'y a pas de distinction sans classification, et pas de classification sans hiérarchisation. Lorsque les classes ou les classements sont relatifs à des groupes humains, nous avons affaire à un racisme.* » Christian Godin.

C'est pourquoi et ce sera notre thèse conclusive : on peut encore combattre le racisme en amenant les gens à vivre de nouvelles relations avec les autres et ainsi en les amenant à adopter une nouvelle forme de raisonnement à l'aide une nouvelle expérience.

Ici, nous voyons que le racisme frappe toujours deux fois. La première fois en nous montrant en quoi l'autre est différent de nous, difficilement acceptable ; une deuxième fois en nous faisant croire que tous les autres sont semblables à celui que l'on vient d'observer.

Mais vouloir combattre le racisme en restant au niveau des idées, avec des propos du style : *c'est pas bien d'être raciste*, est une utopie dangereuse. Et le propre d'une utopie est de ne jamais se réaliser.

Poursuivre une utopie est un choix suicidaire qui ne peut qu'aggraver la situation.

L'anti-racisme est-il du racisme ?

Les livres, articles de journaux, émission de télé, les sites Internet, sont légions à dire haut et fort qu'il faut combattre le racisme. Et, en même temps celui-ci ne fait qu'augmenter.
Plus on lutte contre le racisme, plus il semble proliférer.
Claude Lévi Strauss nous avait pourtant averti : la banalisation et l'application inconsidérée de la notion de racisme risquait d'aboutir « *au résultat inverse de celui qu'on recherche* ».
Un sondage CSA des 22 et 23 février 2006 pose la question : « *Pensez-vous qu'il y a en France une montée du racisme ?* » à laquelle 69% des français répondent : oui.
Alors que font toutes ces associations qui luttent contre le racisme *ET* l'antisémitisme depuis si longtemps ?
Quand on regarde la bibliographie sur le sujet, ou quand on se promène sur les sites consacrés au racisme et à ses différentes formes, on ne trouve pratiquement que des propos contre le racisme. Il faut aller dans l'arrière-boutique de certains forums pour trouver des personnes avouant clairement qu'ils sont racistes.

Mais là, sous couvert d'anonymat, les propos sont parfois très corsés. Voir, par exemple les échanges dans le forum Yahoo consacré au sujet.

Il faut aussi lire les résultats de certains sondages anonymes qui montrent que plus de 30% des français se disent racistes.

Il est clair que le raciste c'est souvent l'autre, comme le montre un autre sondage CSA dans lequel 74% personnes interrogées pensent que « *certaines personnes voient leur carrière handicapée par leur origine ou par leur couleur de peau* », mais seulement 24% de ces mêmes personnes pensent qu'il en est aussi ainsi dans LEUR entreprise. Comme un bémol !

Comme le dit Christian GODIN : « *On peut en premier lieu constater un contraste entre d'une part le caractère évident de l'ignominie raciste, et d'autre part le caractère répandu, banal, peut-être universel du racisme* » ([12]).

Ici, l'Ecole de Palo Alto nous souffle une explication possible. Elle montre en quoi parler de son ennemi lui donne des forces. Penser à ses soucis les aggrave, penser qu'il faut dormir nous tient éveillés... etc. Pour combattre une idée, voire même une personne, il est souvent plus efficace de n'en point parler, de l'ignorer, de la

---

[12] *Le racisme, Editions du Temps, page 3*

boycotter. Cette école de pensée et de thérapie qu'est Palo Alto, montre à l'évidence que beaucoup de problèmes et de conflits peuvent se résoudre d'eux-mêmes en évitant de les traiter. Notre bon sens y perd quelque peu de ses croyances, mais notre bon sens nous trompe tellement souvent !

Pour nous, observateurs spécialisés en analyse relationnelle, il est clair que l'anti-racisme militant exacerbe fortement le sentiment de racisme. Les actions de ces groupements, par leur redondance et leur répétitivité, finissent par agacer certaines personnes, et aussi, à la longue, par banaliser les propos anti-racistes.

Nous observons là les deux effets contraires bien connus en communication :

1. *Ce dont on parle se met à exister plus fortement que si on l'ignorait.*

2. *Ce dont on parle tout le temps finit par ne plus être entendu.*

Christian évoque Pierre-andré Taguieff :

« Car, de même que la lutte contre les préjugés ne va pas sans préjugé, la lutte contre le racisme n'est libre des vices dénoncés par elle » et

encore :

« L'antiracisme partage avec le racisme l'amalgame, il se montre la plupart du temps

*incapable d'établir les élémentaires distinctions
et les non moins élémentaires hiérarchies. »*
Il est certain qu'un grand nombre de personnes,
en France comme ailleurs, finissent par devenir
racistes (nuançons : sur certains points et vis-à-vis
de certains peuples), en partie parce qu'ils en ont
assez d'entendre parler de recrudescence du
racisme, alors que cela ne correspond nullement
à leur vision naïve de ce qu'ils voient autour
d'eux.
Encore Christian Godin :
*« L'effet pervers de l'antiracisme est de faire de
la question raciale une obsession. Le risque est
grand de voir ainsi l'antiracisme attiser les
guerres culturelles et idéologiques qu'il prétend
apaiser»*
Quant à cette fameuse recrudescence, elle est
tout sauf prouvée. On peut certes parler d'une
recrudescence des antiracistes et des émissions
de télé sur le sujet. On peut parler d'une plus
grande résonance donnée aux événements dits
racistes dans les journaux, de l'apparition d'une
de la grande sensibilité sur ces sujets.
En effet, la vraie raison pour laquelle on parle
souvent de recrudescence du racisme, est que le
seuil de tolérance vis-à-vis des actes ou paroles,
qui pourraient paraître racistes, a
considérablement baissé ces dernières décennies.

De même que le cholestérol a augmenté en tant que maladie quand les organisations mondiales de la santé ont baissé le seuil normal du cholestérol, le racisme a augmenté quand on a fini par ne plus supporter aucune critique, aucune parole malveillante sur les autres. Evidemment, si je considère que j'ai grossi quand j'ai pris 100 grammes, alors je grossis la plupart des jours !

Il semble loin le temps où France-Soir titrait : « *Bataille de nègres à Paris* », un de ces nègres étant Sidney Bechet ! Mais, c'était dans les années 1945, donc pas si loin que ça.

Il est clair que les associations anti-racistes font un travail admirable qu'elles sont bien intentionnées, mais en situant leur combat surtout au niveau des idées, de la Carte comme diraient les adeptes de la Sémantique générale, elles rendent leurs actions aussi peu efficaces. A tel point même qu'on peut se demander si elles n'augmentent pas l'importance de ce qu'elles veulent combattre.

Combattre le racisme est affaire de terrain, ce doit être un combat de rues, pas un combat d'idées. Et cela demande la création de stratégies nouvelles, dont nous donnerons quelques idées en fin de parcours.

Christian Godin encore :

« *Tout comme l'antiracisme militant, la législation antiraciste se voit contrainte d'accorder une réalité objective à un fantasme (celui de race) qui est au cœur de l'imaginaire et du comportement racistes.* »

Depuis que l'antiracisme existe, on constate que les réfutations rationnelles, ni les sanctions de plus en plus sévères, n'ont de prise véritable sur le mental de nos contemporains. Notre perception reste la même ; ce que nous voyons nous semble plus vrai que tous ces beaux discours d'intellectuels. Oui, le concept de race n'est pas scientifique, oui nous appartenons tous à la même humanité, oui, mais... quand même, je vois ce que je vois. Et je pense ce que je veux. Voilà comment la plupart d'entre nous raisonne, ou a raisonné au moins une fois dans sa vie.

Les limites de l'étude

Nous avons vu que notre définition du racisme nous limitait aux relations et opinions que nous pouvons avoir envers d'autres peuples, et bien sûr aussi ce qu'ils pensent de nous, pour autant qu'on puisse le savoir.

Mais, justement, comme nous ne le savons guère, je limiterai mon propos à nos pays européens, et plus particulièrement à celui que je connais le mieux : la France.

Ce livre n'est pas un livre historique. Il existe un très grand nombre de livres, certains excellents qui nous font découvrir les horreurs que les hommes ont fait subir à d'autres, à ceux qui les gênaient, et cela à tous les temps de l'histoire. Mais, aucun de ces livres, même si c'était leur objectif avoué, n'a réussi à faire diminuer le sentiment de racisme en nous. Les livres, les émissions de télé, les conférences... contre le racisme et le devoir de mémoire, n'ont en rien diminué, ni le sentiment de racisme, ni les actes qualifiés tels.

A notre avis, et guidé par une méthode de penser dont le fil conducteur est le peu d'importance que nous attachons aux idées abstraites et aux raisonnements pseudo rationnels, la solution n'est pas là.

Toujours est-il que nous ne voulons pas grossir le tas déjà énorme de ce type de livres, car ce qui nous intéresse se situe *ici et maintenant*. Ce qu'ont fait nos ancêtres dans les périodes passées ne peut en aucun cas nous servir de rampe pour grimper vers la compréhension de ce qui se passe, et encore moins vers la solution des problèmes de haine entre les peuples.

Enfin, pour terminer la description de ce que ce livre n'est pas : un livre d'opinion, comme je l'ai déjà dit.

Ce livre est l'application d'un mode de pensée particulier, entièrement pragmatique, qui part des faits, des relations entre les individus, et qui se méfie en permanence des généralisations et du prêt à penser qui fait le meilleur de nos soi disant opinions.

Rappelons-le : *le racisme se décrit et peut-être s'explique par les relations, les processus cognitifs, les sentiments et aussi l'intérêt matériel.*

Et c'est dans ce sens que nous allons diriger nos réflexions. Nous irons chercher ce qui se passe dans les cerveaux pour qu'un tel sentiment puisse naître et fructifier, et cela, encore une fois en chacun de nous.

Car, pour nous c'est évident : tout homme - et femme - est un raciste qui s'ignore.
Voyons maintenant l'éclairage que nous apportent les sondages sur ce sujet.

Que nous apprennent les sondages ?

Nous passerons sous silence dans le cadre de ce livre, les critiques multiples que nous pourrions adresser aux techniques de sondage et aux analyses des commentateurs. Cela fera l'objet d'un futur dossier. Pour l'instant, nous arrêterons notre opinion sur l'idée que les sondages sont tout de même le reflet de quelque chose, et que ce sont des indices révélateurs, rien de plus.
Nous allons essayer d'éviter de critiquer la formulation des questions des sondages que nous avons eu l'occasion d'étudier. Car tous les sondages (ou presque) demandent des réponses à des questions à la fois généralisantes et parcellaires et il ne faut pas s'étonner si, dans ce cas on n'obtient que des réponses non exploitables faute de contexte.
Comme je le dis sérieusement, mais en forme de boutade : *quand on ne pose que des questions directes, on n'obtient que des réponses, sauf la seule réponse utile : ma question est-elle pertinente ?*
Nous allons aussi freiner nos envies et ne pas trop critiquer les commentaires des commanditaires

ou des auteurs des sondages, car là il y a parfois de lourdes manipulations visibles surtout aux yeux des spécialistes.

Regardons les résultats de quelques sondages pour voir combien de catégories de racistes et d'anti-racistes on peut envisager de créer pour mieux comprendre.

J'oublie intentionnellement les anti-racistes militants, j'en ai déjà parlé. Ces gens-là, par leur façon intempestive de crier au loup, de voir du racisme partout (c'est normal : il faut protéger son fonds de commerce) ne font que souffler sur le feu. A coup de généralisations sur les racistes, d'extension du sens des mots (femmes, homosexuels, venez avec nous car vous êtes concernés) ils attisent encore plus la haine des racistes en abaissant trop bas le seuil de tolérance.

Nous nous attarderons plus longuement sur les sondages annuels commandités par la CNCDH et le SIG ([13]) en commentant les résultats 2007.

Une première illustration de notre thèse est l'observation des écarts dans les réponses selon que la question concerne des idées générales, donc des concepts hors situation, donc pas

---

[13] *Ces sigles barbares signifient Commission Nationale Consultative des Droits de l'Homme*

dangereux, ou des situations concrètes de la vie de tous les jours.

Par exemple, le sondage du CSA de mai 2004 dans lequel 74% des personnes répondent qu'il y a discrimination dans les entreprises, alors qu'ils ne sont plus que 24% à dire qu'il y en a dans leur entreprise. On ne veut pas reconnaître comme discrimination ce qui est sous son nez, mais on veut bien penser qu'il y en a plus ailleurs ! Sans compter qu'il reste à prouver que toute discrimination est une forme de racisme.

La question brûlante que l'on se pose à la lecture est de savoir quel est le pourcentage de racistes en France et de savoir de quel type de raciste il s'agit, si tant est qu'on puisse mesurer cela scientifiquement.

Premier exercice : lisons en diagonale les réponses au sondage BVA de janvier 2005. A la question sur l'intégration des personnes étrangères, 58% des français répondent qu'elle se passe bien, mais que ce sont les étrangers qui ne se donnent pas les moyens de s'intégrer (42%), et qu'il faut surtout qu'ils adoptent le mode de vie des français (29%) et qu'ils placent les lois de la République avant leurs pratiques culturelles et religieuses (23%), qu'il faut aussi éviter la concentration des étrangers dans certains quartiers (40%) et que la discrimination positive est une bonne chose (58%).

Bien sûr ce type de sondage pour faire sens devrait aussi donner les résultats croisés entre questions ; il serait intéressant par exemple de savoir quel pourcentage de personnes ont dit que l'intégration se passait bien et que les étrangers ne faisaient pas d'efforts.

Examinons maintenant quelques résultats issus du sondage de la CNCDH de 2007 ([14]). Il existe une volonté de nous cacher à quel point les Français peuvent être racistes.

A la question suivante : : « Estimez-vous être vous-même raciste ? », nous avons les réponses suivantes :
- 6 % des gens se disent très racistes
- 21 % peu racistes
- 24 % pas très racistes
- 48 % pas racistes du tout

Et les commentateurs en déduisent que 27% de français sont racistes en ajoutant les deux premiers chiffres.

---

[14] *Le CNCDH et le SIG commandent une étude à des organismes spécialisés depuis 1990 et les dossiers des résultats (plusieurs centaines de pages !) peuvent être téléchargés sur Internet.*

Ma lecture de ces résultats est très différente, car je considère que se dire pas très raciste c'est encore se dire raciste et je mettrais la frontière après le 3ème chiffre, ce qui nous donne 51 % de français racistes.

D'autant plus que les gens interrogés l'ont été en face à face et que, connaissant les réticences à s'avouer des défauts dans ce genre de relation ; face à des inconnus, on peut penser que le vrai pourcentage doit être encore plus élevé !

Plus intéressante est l'étude de la SOFRES qui suit le dossier de 2007, car c'est une étude qualitative où l'échantillon plus restreint de personnes interrogées a pu s'exprimer librement et non pas seulement répondre à des questions fermées. Ce type d'étude, que nous avons toujours considéré comme plus sérieux, fait apparaître un drôle de paysage. La quasi-totalité des personnes, même celles que la SOFRES a classées dans la catégorie de non-racistes, émettent des propos que les tenants de l'anti-racisme militant classeront sans hésitation comme propos racistes. Je conseille au lecteur intéressé d'éplucher les résultats de cette étude et de méditer sur le fait fondamental que, selon à quel niveau de tolérance nous mettons la barre, nous pouvons trouver et affirmer avec autant de sérieux que nous avons, de 0 % à presque 100 % de français racistes. Car le racisme rappelons-le, admet des degrés différents. Où la sémantique va-t-elle se cacher ?

Regardons une autre question : si on demande aux français : « *Le racisme est-il un phénomène répandu en France ?* » nous avons 81 % de Oui. Or, le racisme ça n'arrive pas qu'aux autres. Il est assez probable qu'il y ait à peu près 80 % de racistes en France, si l'on continue à baisser le seuil de tolérance des propos et actes racistes. On voit les dangers des interprétations des résultats de ce type de sondage. Il est clair que le racisme peut augmenter ou diminuer, uniquement par notre façon de classer les pensées, paroles et actes. Mais aussi, selon la façon dont les questions sont posées, selon la façon dont on découpe les réponses pour les opposer, et aussi selon la nature des interrogations : questions fermées ou questions libres.

A ce titre, les commentateurs de la SOFRES ont mis au jour un phénomène très intéressant : les gens qui veulent se dire non-racistes, se situent toujours juste en dessous de la limite qu'ils ont eux-mêmes fixée au delà de laquelle on devient raciste.

Prestidigitation ! Où l'on voit qu'un petit tour de passe-passe sémantique peut changer la face du monde en changeant la face de la réalité rendue visible par l'analyse des résultats. La manipulation devient ensuite aisée.

A part ces grandes remarques, ces sondages nous apprennent ce qu'on savait déjà. Que les racistes se trouvent surtout chez les personnes âgées, les gens peu cultivés, les ruraux, et bien sûr chez les gens de droite plus que chez les gens de gauche, et un peu plus chez les hommes que chez les femmes.

Un résultat est cependant étonnant : 79 % de non-diplômés estiment qu'il y a trop d'immigrés en France alors qu'ils ne sont que 29 % des diplômés de l'enseignement supérieur.

On peut avancer maintes explications, mais certaines semblent évidentes. D'une part cette tranche de la population laquelle est peu confrontée au racisme ordinaire dans les beaux quartiers où elle habite ; il est toujours plus facile d'être tolérant envers les maux que l'on ne connaît pas. La douleur des autres ne me fait guère souffrir. D'autre part, la culture de l'Education Nationale nous a seriné à quel point le racisme est idiot et non fondé. Nous l'avons vu : celui qui raisonne au niveau des concepts peut plus facilement lutter contre les sentiments naturels de racisme qu'il peut encore ressentir.

La genèse du sentiment raciste : les différences

Ou comment le racisme vient aux hommes.
Reprenons le premier point de la définition que nous avons choisie : le racisme ne peut provenir que d'une différence perçue, réelle ou imaginaire. Les différences les plus immédiatement perceptibles sont physiques : la couleur de la peau et le faciès essentiellement. Mais on ne doit pas confondre comme le font quelques anti-racistes de mauvaise foi, le fait de percevoir des différences et le fait d'être raciste. Les noirs sont noirs, et ce n'est pas du racisme que de le dire ; à ce que je sache ils ne sont pas bleus marine ! Quoique ! Nous reviendrons sur ces points en évoquant les contorsions linguistiques des anti-racistes.
Ce qu'il faut bien comprendre est que personne ne peut ignorer ces différences ; on les voit. On parle à un noir, à un arabe, un asiatique, et tout le temps qu'on lui parle on garde à la conscience le fait qu'il n'est pas comme nous, de par son aspect physique.
C'est à partir d'un vécu aussi simple, qui se situe au niveau de la perception et qu'aucun sermon ne

pourra effacer de notre esprit que nous construisons avec cette personne des relations d'un type particulier. C'est à partir de ces expériences simples que la route peut bifurquer, ou bien vers des conflits et des sentiments racistes, ou bien une compréhension mutuelle des différences, laquelle aura pour effet secondaire bénéfique que l'on finira par ne plus les voir.

J'ai personnellement vécu cette expérience il y a déjà fort longtemps quand j'ai rencontré mon épouse d'origine réunionnaise. Elle n'était clairement pas blanche, et ça se voyait. Pendant de longs mois, voire quelques années, j'avais présent à la conscience, en permanence la sensation de me montrer avec une personne différente de mes amis et de mes anciennes copines... Cette différence est maintenant oubliée, d'une part parce que sa peau a blanchi, d'autre part, parce que ses manières et sa façon d'être en société sont devenues totalement occidentales, ou presque. Mais surtout, par le fait simple, que la vie en commun avec elle a placé dans mon esprit les relations quotidiennes au premier rang et reléguer la vision des différences tout au fond du paysage. Les différences, physiques ou culturelles s'estompent avec les relations quotidiennes. Au début de notre relation, tous mes amis la regardaient avec une curiosité non dissimulée, et je soupçonne les plus racistes d'entre eux (j'ai des noms) d'avoir eu quelques difficultés à l'accepter alors. Maintenant, il semble que plus personne ne voit la différence.

Ici, l'analyse relationnelle nous explique clairement le processus : le jugement que nous portons sur une personne donnée, mais aussi la façon dont on la voit (au sens concret du mot : la perception), change grâce (ou à cause de) aux relations concrètes que l'on vit avec cette personne.

J'aurai l'occasion de revenir sur ce point fondamental, car, à mon sens, c'est dans cette direction qu'il faut chercher des remèdes, même temporaires, même partiels, aux phénomènes racistes.

Pour nous, il ne fait aucun doute que le racisme ne prend pas sa source au niveau des idées, le racisme n'est pas une idéologie, mais plutôt un ensemble de sentiments issus de l'expérience. Une seule expérience négative avec une personne *différente*, et nous voici enclins au racisme envers toutes celles et ceux qui vont lui ressembler. Le racisme est bien une généralisation.

Sur le web, un jeune homme raconte comment il s'est fait agresser et voler son portable par trois noirs dans la rue, et comment depuis, il est et se dit raciste. C'est pourquoi, tous les arguments rationnels, même et surtout s'ils sont inattaquables, et scientifiquement démontrés comme on dit aujourd'hui quand on veut convaincre, n'ont guère de prise sur les personnes ayant une expérience malheureuse.

Aucun argument rationnel ne peut contrer une expérience, aucune parole ne eut contrer un acte. C'est là une loi cognitive encore trop peu connue : les arguments dits rationnels se situent au niveau des concepts, de la Carte abstraite, alors que les faits d'expérience sont concrets.

C'est une confusion de niveau que de croire que les premiers puissent avoir une influence sur les seconds.

De plus, les arguments se veulent neutres, ils prétendent faire appel à notre raison, alors que les expériences vécues ne sont jamais dénuées de sentiments, d'émotions, voire même de passions. Et c'est pourquoi elles dominent toujours les raisonnements.

En outre, il semble que lorsqu'on est atteint du virus raciste, le drame est qu'on veut rarement en guérir. D'une certaine façon, il est agréable de haïr.

Ce virus, comme bien d'autres que l'on pas fini de dénombrer, est issu d'une *généralisation abusive*. Une bande de jeunes noirs me vole mon portable, donc les Noirs sont des voleurs. Même si, en tant qu'individu intelligent je sais que ce n'est pas vrai et qu'un grand nombre d'entre eux sont aussi honnête sinon plus que moi, la peur qui m'habite dorénavant quand je marche dans la rue, est là pour pérenniser ce sentiment de racisme. Elle me sert d'argument et de preuve.

Et redisons-le jusqu'à radoter : aucun discours bien pensant ne pourra contrer un événement vécu.

La généralisation abusive est facile à définir simplement : c'est appliquer à un ensemble de personnes les sentiments que j'ai envers une seule d'entre elles.

Et c'est le propre du racisme d'être une généralisation. On n'est pas raciste contre un seul noir (ici remplacez par le terme que vous voulez...), mais contre LES noirs. C'est de la pure stupidité certes, mais il semblerait que presque tout le monde fonctionne comme ça.

A ma plus grande honte, j'ai vécu ce phénomène voici bien longtemps quand j'ai fait mon service militaire. J'y suis arrivé sur le tard après de longues études qui m'avaient bien formaté pour être tolérant envers les autres cultures, puisque j'étais passionné, entre autres choses, d'anthropologie. Or, ce qu'on apprend en premier dans ce domaine, est que les civilisations sont fort différentes, mais qu'on ne peut en aucun cas parler de supérieur et d'inférieur. Affirmation quelque peu contredite par le langage, car, à l'époque, nous parlions, à l'instar de notre mentor, Claude Lévi-Strauss de « *civilisations primitives* », terme qui serait aujourd'hui classé comme politiquement incorrect. De plus, dans mon lycée, nous avions un noir, un seul, et l'amitié nous avait rapidement réuni ; nous partagions quelques passions, le goût pour la musique de jazz et pour les filles en particulier. Bref, en arrivant à l'armée, je pouvais dire, en généralisant que *j'aimais bien les noirs*. Affirmation aussi stupide que son contraire car je n'en connaissais qu'un. Le premier adjudant rencontré à la caserne était un grand noir africain aux yeux que je croyais méchants ; il nous laissait dans le froid et sous la pluie des heures entières jusqu'au ce que nous formions une ligne bien droite (« *Je ne veux voir qu'une seule tête !* »). Il ne m'a fallu que quelques jours pour devenir raciste anti-noirs. Et il m'a fallu, ensuite des mois pour me défaire de ce sentiment. Il eut été breton, j'aurai eu la même haine, mais seulement contre ce type-là, qui, au demeurant, je l'ai vu plus tard, quand je n'étais plus un bleu, était le meilleur des hommes.

Alors, comment se fait-il que nous généralisions rapidement quand il s'agit d'une personne affichant une différence notoire et moins facilement quand il s'agit de quelqu'un qui nous ressemble ? Je ne sais pas s'il y a une explication simple, mais encore une fois, je l'affirme haut et fort, tout le monde fonctionne ainsi, sauf le petit nombre de gens ayant reçu une éducation de type zen. Ce n'est pas le racisme qu'il faut combattre mais notre tendance permanente à généraliser. Et ce n'est pas pour autant un combat plus facile. Essayons de montrer comment cela fonctionne.

Avec des schémas, on voit tout de suite plus clairement ce que je veux dire.

Au départ, il y moi et l'autre, deux individus, en relation *ici et maintenant* et présents dans le même environnement.

Puis, il se passe quelque chose qui me déplait : peut être que je me sens agressé, ou alors que je le vois faire quelque chose qui me choque et me révolte.

Prenons un exemple vécu : deux jeunes noirs sont dans le métro parisien, l'un d'entre eux près de la porte, l'autre assis à côté d'une vieille dame. Le métro s'arrête, et au moment où il va repartir, celui qui est près de la vieille dame, lui arrache son collier et se précipite vers la porte que lui tient ouverte son complice. Pour celui qui est déjà raciste envers les noirs, pas de problème, son opinion se trouve automatiquement consolidée. Mais que vont penser les non-racistes qui ont vu la scène ? Et comment auraient-ils raisonné si le jeune voyou avait été blanc, comme ça arrive aussi souvent ?

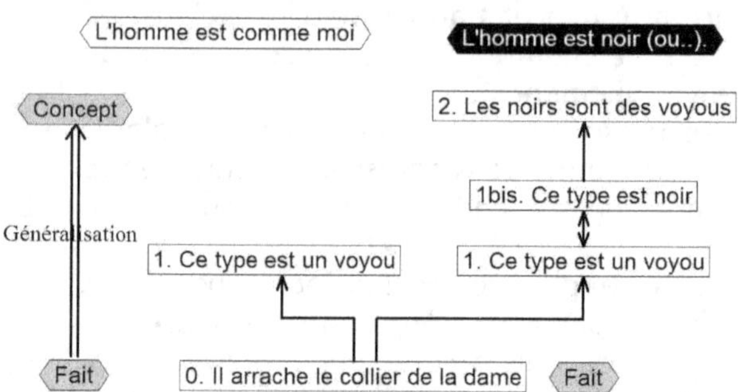

Que nous apprend ce schéma sur nous-mêmes ? Au niveau 0 de la généralisation, il y a un fait observé par la totalité des spectateurs présents dans le métro. Bien que, déjà à ce niveau, on pourrait discuter longtemps car tout le monde sait bien qu'un fait en soi, ça n'existe pas, et que chaque personne ayant assisté à la scène a sa propre perception des faits. Ou plutôt, chaque personne interprète ce qu'elle a vu, en partie par le filtre de ses opinions et de son expérience antérieure.

Mais admettons que le fait existe, tel qu'une caméra aurait pu le filmer.

Ici, se produit une généralisation, presque toujours. On passe du : « *Ce type a volé le collier...* » à « *C'est un voyou* ». C'est déjà une grave erreur de raisonnement, ce que Palmarini a appelé un biais ou un *tunnel mental*. Nous généralisons à partir de ce que nous avons vu et faisons l'impasse de ce que l'on n'a pas vu de ce voyou. Peut-être est-il aussi un brave petit gars qui ce matin encore a fait traverser la rue à une autre petite vieille, et qui subvient aux besoins de sa maman. Mais, cela nous n'y pensons pas.

Je ne résiste pas ici au plaisir d'une digression. L'autre jour j'ai lu dans un journal d'informations générales le récit suivant. Se promenant dans le port de sa ville et admirant les bateaux, un homme entend une vague plainte, comme un râle qui semble venir de sous l'eau. Il se penche et voit qu'une femme est en train de se noyer. Sans réfléchir, il plonge et la sauve. Il est remercié et traité en héros. Et pourtant cet homme était un prisonnier en permission, condamné à une longue peine pour avoir... tué sa femme !

Revenons à notre voyou du métro. Si le gars est blanc, on dira : « *C'est un voyou* ». Et on en restera là.

Alors que si le gars est noir - ou manifestement pas de chez nous -, on va le classer deux fois, on va additionner deux généralisations :

1. C'est un voyou
2. C'est un Noir

Ces deux généralisations auront tendance à se rapprocher pour devenir quelque peu synonymes et cela devient vite un crime d'être noir.

Et là, nous commençons à nous approcher du début de l'enfer, le virus du racisme pointe son nez dans notre esprit limité ; nous nous permettons un deuxième niveau de généralisation en pensant : « *Les noirs sont des voyous* ». Que celui qui n'a jamais fonctionné ainsi me jette la première pierre, comme disait l'autre. Certes, si nous avons un grain de culture, nous savons qu'il n'en est pas ainsi, et que tous les noirs ne sont pas des voyous. Nous disons même parfois, commettant ainsi un deuxième biais de raisonnement : « *La preuve est que j'ai un ami africain...* ». Ils n'en reste pas moins que très peu de personnes sont capables de ne pas généraliser à partir d'une ou de quelques expériences vécues, très peu de personnes sont capables de rester au degré 0 de l'interprétation.

Car notre cerveau fonctionne ainsi : il classe et regroupe les faits et les expériences, en les faisant entrer, parfois de force, dans des tiroirs préexistants dans son esprit, des tiroirs d'opinions.

Ici mon esprit a fait entrer le jeune voyou blanc

dans la catégorie plus abstraite des voyous. Alors que le noir a eu moins de chance car j'ai pu le faire entrer dans deux tiroirs différents : celui des voyous et celui des noirs. Ce qui, par mouvement cognitif quasi obligatoire m'a obligé à ouvrir un nouveau tiroir pouvant contenir les deux premiers, un méta-tiroir en quelque sorte : celui des noirs qui sont des voyous. C'est ainsi, en deux mouvements, que s'installe dans mon esprit un nouveau composant de mes croyances, croyance que ceux qui m'observent vont ranger dans un méta-méta-tiroir qu'ils appelleront *racisme*.

Ce constat n'excuse ni ne valide en rien les pensées et les actes racistes. Ce que je dis ne concerne pas le racisme, mais la généralisation ou plutôt ce que j'ai appelé ailleurs la *généralisation abusive*.

Plusieurs livres seraient nécessaires pour décrire ce mal profond, qu'il sera peut-être impossible d'éradiquer. Ce que nous venons de voir ici, et que je n'ai pas encore lu dans les autres livres, c'est à quel point le problème du racisme est indissociable de celui du fonctionnement cognitif de notre cerveau.

Toutefois ce piège cognitif a été perçu par Albert MEMMI qui a su voir en quoi la généralisation qu'il appelle parfois *totalisation* ou *globalisation* fait bien partie des mécanismes donnant naissance au sentiment de racisme et sa définition même du terme racisme évoque la dévalorisation *généralisée* de l'autre.

Maintenant, pour terminer ce chapitre, deux remarques.

Premièrement, il semblerait que tous les peuples ne soient pas égaux dans l'art de généraliser. Plus un peuple est cultivé intellectuellement, scolarisé, plus il généralisera ; car c'est entre autres choses ce qu'on lui apprend dans les écoles. Il semble clairement que les africains et les asiatiques (encore des généralisations !) sachent bien mieux que nous rester au niveau des faits. Maintes expériences ont montré que ces civilisations sont capables de voir en tout fait qui survient ce qu'il a de nouveau, avant de le classer parmi les déjà vécus. Les philosophies orientales, le zen et le tao, nous montrent en quoi le *ici et maintenant* est fondamental et en quoi chaque moment est unique, alors que chez nous, nous préférons parler de l'histoire qui est *un éternel recommencement*. Nous classons, étiquetons, beaucoup plus que ces peuples. Quoique, ceci est encore une généralisation.

Pour le peu que je sache, les langues africaines et asiatiques, sont construites pour appréhender mieux que les nôtres, les mouvements, les flux et l'éphémère, alors que nos langues indo-européennes, en grande partie grâce et par la faute du verbe ETRE sont très spécialisées dans la compréhension de ce qui est fixe, et de l'immobile. Nous disons de nous-même : « *Je SUIS ainsi* » suivi d'une flopée d'adjectifs censés représenter notre personnalité profonde », ce que les langues non indo-européennes ont du mal à faire. J'ai longtemps travaillé avec un jeune gabonais venu faire des études en France qui m'apprenait des rudiments de sa langue. Et quelle ne fut pas ma surprise de voir que la généralisation lui était quasi inconnue, presque impossible à formuler de par les caractéristiques même de sa langue. Je lui demandais comment on disait dans sa langue, (le *moukouni* pour autant qu'il m'en souvienne), les chiffres : un, deux, trois... Il me répondait qu'on ne pouvait pas ; on pouvait dire une vache, deux vaches, ou un cheval deux chevaux, mais pas les chiffres sans les référents. Extraordinaire, n'est-il pas ?

Enfin, deuxième remarque. Malgré ce que je viens juste de dire, on peut penser que la généralisation est assez répandue chez les autres peuples, et on peut penser donc sans grand risque de se tromper que les autres peuples sont aussi racistes que nous, peut-être différemment, peut-être avec moins ou plus de hargne... Mais bon. Ce pourrait être l'objet de nouveaux dossiers que je laisse volontiers à ceux qui connaissent mieux que moi les civilisations des autres pays.

Pour terminer cette partie, je voudrais faire une remarque qui dépasse largement le cadre de ce livre mais qui donnera du grain à moudre à ceux qui voudraient voir disparaître le racisme. On l'a vu, plus on généralise, moins on possède de tiroirs pour ranger ses idées. Puisque chaque nouvelle expérience est vite classée comme semblable à des expériences passées, nous en vivons de moins en moins de nouvelles ; quand les faits, les gens, les idées, sont regroupés en un nombre de plus en plus réduits de catégories, nous ne sommes plus à même de voir et d'apprécier la variété de la vie, de ce qui nous arrive tous les jours. Notre panoplie d'images, d'idées, s'appauvrit d'autant et nous vivons dans un monde réduit à quelques idées générales dépourvues de nuances. Or, comme le racisme, on vient de le voir, se construit à partir des généralisations de nos expériences et qu'il met « tous les... » dans le même panier, on peut avancer sans trop de risque de se tromper que le racisme est une imbécillité.

Il est clair au vu de ces remarques que les racistes sont des gens limités, et, disons-le sans ambages plutôt bêtes.

Mais, attention ! Que les anti-racistes militants ne se réjouissent pas trop vite, car ils généralisent tout autant que les racistes et leurs propos généraux, moralisateurs, et définitifs, ne risquent pas de faire diminuer le racisme, car ils utilisent les même tunnels mentaux que leurs ennemis.

« Même la mouvance si dynamique, si positive et si volontariste de S.O.S. Racisme n'a pu éviter le piège qui consiste à considérer les immigrés et leurs enfants comme des potes et non comme des frères »

Gaston Kelman, Au delà du Noir et du Blanc

Il est vrai que bêtise pour bêtise, on peut préférer celle des anti-racistes.

Mais notre idée de solution n'est pas dans l'anti-racisme tel qu'il est pratiqué à ce jour, mais plutôt dans la construction d'un *« aracisme »* (comme agnosticisme) non militant par l'affaiblissement voire la destruction des mécanismes qui conduisent au racisme.

Raciste, mais avec modération

Maintenant, abordons un autre point que je vois rarement évoqué dans les livres ou les articles parlant du racisme. On nous demande : *êtes-vous raciste ou non ?* Comme si cette question ne supportait pas de nuances. On nous demande de répondre à une généralisation. A cette question, toute personne quelque peu réfléchie, devrait répondre : ça dépend.

En effet, compte-tenu que nous n'avons pas tous vécu la même expérience, que nous ne l'avons pas intégrée de la même façon, que nous généralisons plus ou moins, et que nous ressentons les sentiments de façon plus ou moins forte, on peut penser qu'il existe une multitude de racismes, des formes individuelles de racisme, et qui plus est des formes changeantes dans le temps.

Et c'est cela qu'il faut étudier, ce qu'aucun sondage ne peut faire apparaître comme information, car la matière est ici difficilement pêchable à l'aide de questions fermées.

D'abord, l'objet de notre ressentiment peut être varié : les plus fréquemment cité par nos contemporains sont les Arabes (souvent confondus à tort avec les musulmans), les Juifs et les Noirs. On nage déjà en pleine bêtise, car tous les musulmans, tous les arabes, tous les noirs, ne se ressemblent pas et nous sommes encore dans des propos trop généraux.

Si nous redescendons au niveau du concret, en engageant par exemple des discussions avec des amis, on s'aperçoit vite que nous sommes presque tous plus ou moins racistes. Mais différemment.

Malgré tout ce qui a été dit plus haut, je vais tenter une petite classification.

Il y a tout d'abord le raciste intégral, le raciste 100 % pur jus. Celui-ci se caractérise par le fait qu'il répond aux sondages qu'il est raciste ; non seulement il ne s'en cache pas, mais il en est fier. Il est raciste envers tous les peuples, qu'il rejette en bloc. Il l'est à la fois dans les idées, les opinions tranchées et aussi au niveau plus concret de ses comportements envers les autres peuples qu'il côtoie. Sur le plan des concepts il dit défendre les valeurs occidentales et refuser que d'autres valeurs prennent de l'importance dans notre beau pays. Il est évident pour lui que certains peuples sont moins intelligents, moins évolués que nous, et qu'il existe des races supérieures. Dans sa vie quotidienne, il évite soigneusement de fréquenter toute personne qui ne soit pas de son milieu, de sa race comme il dit, car pour lui ce terme ne pose aucun problème. Il n'aime pas aller dans les lieux, dans les quartiers, les restaurants... fréquentés par les étrangers, les immigrés dit-il, même quand il s'agit de français de troisième génération. Pour lui, le faciès est déterminant, c'est pourquoi parfois il se laisse avoir quand les immigrés en question ont la même tête que lui, certains juifs par exemple qu'il ne reconnaît pas. Et, bien sûr, encore moins que tout, il n'est pas question que sa fille ou son fils se marie avec un de ces étrangers et ne lui ramène son mari à la maison dit-il, comme on dit d'un chien galeux.

Heureusement ce genre de racistes est extrêmement rare, car les plus racistes d'entre nous ont le plus souvent leurs limites : ou bien ils se limitent à ne pas aimer un certain peuple, ou bien ils acceptent certains rapports avec les étrangers, mais pas trop intimes...

Ensuite, il y le raciste en parole, le raciste de la Carte. Celui qui dit l'être et qui ne l'est pas tant que ça. Il y a longtemps, un sondage a été réalisé aux Etats-Unis demandant aux hôteliers s'ils accepteraient de recevoir un couple mixte américain chinois. Le résultat : 80 % ont dit : surtout pas. Puis, le même chercheur a réellement envoyé des couples mixtes prendre des chambres chez les mêmes hôteliers et 80%

d'entre eux les ont reçus sans difficulté. A l'époque le racisme était plutôt la norme. Bien que le racisme de nos jours soit un costume qui se porte assez mal, ces gens-là existent. Ils prônent un racisme intellectuel, assez théorique, et par faiblesse, ou simplement par manque d'occasion, ne mettent pas leurs idées en application. Or, pour l'analyste relationnel, il est évident que ce qu'on fait doit toujours dominer ce que l'on dit.

Mais le plus grand nombre de nos contemporains se situe ailleurs entre les deux extrêmes : ce sont les non racistes en parole mais racistes en actes. Ceux qui disent ne pas faire de différence entre les cultures et les peuples, mais, bien qu'ils en aient l'occasion, ne sortent jamais, ne s'associent jamais, ne s'approchent jamais, de ces mêmes personnes qu'ils disent apprécier.

Le racisme ou les racismes ?

Les études, les sondages, et surtout les gens dans la rue sont unanimes : on n'aime pas tous les peuples, mais ceux qu'on n'aime le moins sont les arabes, parfois appelés maghrébins ou encore musulmans, dans un beau mélange confus.
La différence est nette avec les Juifs qui paraissent plus assimilés aux yeux des Français aujourd'hui.
Je crois que l'explication, même si elle est complexe, peut se ramener à quelques critères.
Le premier critère est la quantité de différence perçue. Il est clair que les deux peuples qui montrent le plus de différences avec nous sont les noirs et les arabes.
Les premiers se distinguent par leur couleur de peau qu'ils ne peuvent cacher. Memmi évoque un noir qui disait à un Juif : toi, tu n'es pas obligé de dire que tu es juif.
Les deuxièmes parce qu'ils sont différents de faciès, mais surtout de religion et que leur religion se superpose et interfère avec les lois de notre belle et chère République.
Il se trouve aussi par ailleurs, mais est-ce lié, que ce sont eux qui font le plus de bruit, de dégâts,

de viols, ce sont ceux qui remplissent le plus nos prisons. Alors, il est normal qu'on en ait peur ; et quand on a peur, la haine n'est pas loin.

Il est certain qu'une très grande majorité de Français sentent leur cœur se soulever de colère quand ils lisent dans leurs journaux des faits divers tels que les deux que je vais donner en exemple.

Une femme musulmane voilée à Marseille, soulève son voile pour s'éponger car elle a très chaud ; son mari la frappe à coups de poings.

Une jeune fille musulmane refuse de se marier de force avec un homme plus âgé en Algérie, car elle vit déjà avec son petit copain qui a le malheur de ne pas être musulman ; elle est tailladée par sa mère et ses sœurs mineures.

Je n'ai jamais entendu, jamais lu, jamais vu de pareils agissements chez les Juifs ; ou alors de façon plus atténuée et exceptionnelle. La haine que nous avons pour les Arabes est en fait plutôt une haine contre la religion musulmane, donc contre les musulmans, par ricochet. Que chacun pratique sa religion, il se trouve que c'est dans notre constitution de l'accepter, mais pas quand cette religion dicte des lois contraires aux nôtres.

Je ne sais pas comment les anti-racistes se débrouillent avec ces événements concrets, mais une jeune fille mutilée ce n'est tout de même pas de la littérature. Je ne vois pas comment on peut approuver la religion intolérante de ces gens-là. Attention : d'une partie seulement d'entre eux. Ce qui passe aux yeux de l'anthropologue comme un élément tout au plus curieux de la culture d'un peuple quand il est observé chez lui, devient inacceptable quand ce peuple vient vivre chez nous.

Maintenant, les journaux qui relatent ces faits sont-ils racistes ? Non, car ils ne font que relater les faits, du moins en apparence, l'affaire est entendue. Et si l'on dit que ces comportements devraient être plus sévèrement punis, devient-on raciste ? C'est là que les avis divergent, car il y aura toujours de bonnes âmes pour aimer se faire botter les fesses ; c'est d'ailleurs une vertu chrétienne.

Bien qu'il soit délicat de la poser, posons une question : si ces agissements étaient le fait d'un bon vieil auvergnat de souche, ne serait-il pas puni plus sévèrement ? Si oui, alors cela signifie que la justice (je ne mets pas de majuscule intentionnellement) est plus indulgente avec les français d'origine étrangère, car leur culture, leur religion, leurs croyances, les excusent en quelque sorte.

Ce qui pose la question de la discrimination positive qui pour nous, apparaît comme une injustice remplaçant une autre injustice. Gaston Kelman dit justement que cette volonté de pratiquer la discrimination positive de notre gouvernement actuel est un mal nécessaire et transitoire. On aimerait le croire et ne pas penser aux lendemains qui chantent des communistes d'antan et tous les provisoires qui sont devenus définitifs.

Donc, pour ces quelques raisons, très concrètes, au raz du bitume, il est compréhensible qu'on aime moins les arabes surtout par leurs caractéristiques religieuses, et les noirs que les autres peuples qui se font peu remarquer.

Prenons maintenant les juifs. A part quelques fanatiques, (il y a des imbéciles partout), les juifs ne font pas parler d'eux. Ils sont partout intégrés, intégrés n'est pas le mot, car ils sont français à part entière. De plus, on le sait : la moitié d'entre eux ne pratique pas de religion. Une autre différence est que tout le monde côtoie des juifs dans les affaires, dans les magasins et les bistrots... bien plus souvent que nous côtoyons des arabes.

Les Juifs, on les connaît, on travaille avec eux. C'est pourquoi le racisme anti-juif est plus abstrait que le racisme anti-arabe. S'ils nous gênent c'est à des niveaux plus abstraits, plus intellectualisés. De plus, la haine de certains pour les Juifs est souvent empreinte d'admiration.

Le racisme anti-juif, plus ancien est issu de nos croyances et de quelques vieux poncifs du genre : « *Ils sont tué le Christ* » ou «*Ils sont radins et aiment l'argent...* » On sait ce qu'il faut penser de ce genre de bêtises. Mais quand une personne avoue être anti-juif (j'évite toujours le mot *antisémite*), il est rare que ce mépris, ou cette haine, provienne de l'expérience. Car le juif ne nous agresse pas dans la rue, il ne nous vole pas nos portables ou nos blousons (toujours sauf exception car il y a des voyous dans toutes les cultures).

En Sémantique Générale nous dirions que le racisme anti-juif est de la *Carte*, alors que le racisme anti-noir et anti-arabe est plus proche du *Territoire*, donc plus dangereux.

Maintenant, comme nous disions que les processus qui mènent au racisme doivent être également partagés entre tous les peuples, il faut se demander si les Juifs et les arabes par exemple ne sont pas eux aussi racistes.

Nous manquons d'éléments sur ce sujet car les sondages, les livres et articles ne parlent que du racisme des blancs envers les autres peuples, ce qui est profondément choquant.

Pour voir connu un assez grand nombre de juifs et certains intimement, il nous est assez évident que beaucoup d'entre eux sont racistes anti-arabes et anti-musulmans. Ceci souvent dans le secret des relations amicales.

Je demandais un jour à un de mes amis et collaborateurs, juif séfarade s'il aimait les arabes, il m'a répondu : « *Bien cuits* ».

Un autre de mes amis et compagnon en affaires, demi juif selon ses propres propos, en parlant d'un rendez-vous d'affaire qu'il avait avec un noir africain a utilisé le terme de *noircicaut*, et cette même personne venait juste de m'assener une démonstration visant à prouver qu'il n'était pas raciste.

Mon expérience personnelle avec les juifs a toujours été positive et je ne les ai jamais considérés comme différents de moi.

La seule chose que je peux dire à leur sujet, au risque de paraître raciste aux yeux des censeurs qui me liront est que je les ai trouvés souvent quelque peu écorchés et sur la défensive. J'ai découvert cela à l'école. J'avais un ami qui ressemblait à Jean-Claude Brialy, il s'asseyait souvent à côté de moi sur les bancs de la classe, et il était normand de naissance. Je lui ai dit : « *ça se voit* » et il m'a alors rétorqué que j'étais antisémite. Je n'avais rien vu, pour moi, il était normand, mais il a cru que je voulais dire : *ça se voit que tu es juif*. Et il s'est défendu d'une attaque imaginaire.

Il croyait que je pensais que ... ou les dangers de l'interprétation.

Une autre fois, j'ai vu à la télé dans une émission dont j'ai oublié le titre, un acteur juif que j'aime beaucoup (et que je ne nommerai pas pour cette raison) répondre à l'animateur qui a eu le malheur de lui dire qu'il le verrait bien aux côtés de Serge Gainsbourg : « *Alors, vous aussi vous êtes antisémite ?* »

Et encore un exemple : j'ai dit un jour à une relation d'affaire juive que j'avais un expert-comptable juif et il m'a dit : « *Je vois que vous êtes raciste* ».

Là, il y a problème : si on ne peut pas dire à un chat qu'il est un chat sans se faire griffer...

Mais encore une fois, ne généralisons pas, ce ne sont que des anecdotes. Et il ne manquera pas d'historiens pour m'expliquer au cas où je ne l'ai pas encore compris que les juifs ont des raisons sérieuses de se méfier, et d'être encore sensibles sur le sujet. Et ils auraient raison. Mon expérience personnelle, qui est donc totalement subjective comme toute expérience mais que j'assume totalement, est que, souvent les juifs avec qui j'ai travaillé ont des qualités relationnelles assez rares. Ceux que j'ai connus m'ont semblé très intuitifs et capables de donner spontanément leur amitié, et cela pour une longue période, pas sur un coup de tête. D'ailleurs, pour ne pas être en reste, j'ai aussi souvent observé cette qualité d'accueil et d'amitié sincère chez quelques marocains que j'ai fréquentés.

Mais, dire du bien d'un peuple, n'est-ce pas toujours au détriment des autres ? Dire que j'aime bien les marocains, cela ne veut-il pas dire aussi que je n'aime pas les autres peuples ? Comme dit l'autre : « *Je ne suis pas raciste, je déteste les racistes, et encore plus les noirs* ».

Alors, de deux choses l'une : ou bien on dit que tous les peuples sont semblables et se valent en tous points, ou bien on reconnaît que certains qualités (et défauts) sont plus prononcées chez les uns que chez les autres.

L'ennui est que dans les deux cas, il y a toujours des censeurs pour vous dire que c'est du racisme.

Pour revenir quelque temps aux arabes, j'ai de nombreux souvenirs de l'enfant que j'étais en région parisienne. Dans ma banlieue, les arabes étaient nombreux et je les aimais, ces hommes en veste grise, un peu trop larges qui me souriaient et riaient avec moi, le gamin. Je ne me souviens d'aucun sentiment de racisme, ni chez mes parents, ni chez moi. Je ne faisais pas de différence (voilà nous sommes revenus à la notion de différence). Mes premiers sentiments de haine et de colère sont arrivés avec la guerre d'Algérie, (on disait alors « les évènements »), quand j'ai vu, le matin en allant à l'école, et plus d'une fois, quelques uns de mes amis arabes morts sur le trottoir car ils avaient eu l'erreur de choisir la France. Alors, comme beaucoup de français de l'époque, et sans trop comprendre car j'étais encore trop jeune, je me suis laissé allé à des sentiments racistes.

Mais ce que je voulais dire, est que je ne reconnais pas ce peuple que j'ai connu et apprécié dans les agissements de ceux qu'on appelle aujourd'hui avec euphémisme *les jeunes de banlieue*. Ou j'ai oublié. Mais je crois qu'il n'y avait pas de haine entre peuples à l'époque, ou beaucoup moins. Les arabes que j'ai connus alors, j'ai encore plaisir à les retrouver du côté de Barbès ou dans ces visages tristes des harkis que l'on montre de temps à autre à la télé, pour rappeler à quel point nos gouvernements ont raison d'avoir honte.

On ne peut parler de différentes sortes de racismes sans parler aussi des tsiganes, appelés aussi gitans, ou rom ou manouches, ou romanichels, dans un bel amalgame. Je crois que

presque personne ne les aime, sauf quand ils sont sédentarisés. Comme tout ce qui bouge, qui voyage, qui semble n'avoir aucune attache, ils font peur, ils sont différents, donc on éprouve pour eux des sentiments qu'on peut qualifier de racistes car ils concernent *tous* les roms.
Enfin, nous avons gardé pour la bonne bouche les asiatiques qu'il faut, selon nous décomposer en deux catégories : les asiatiques du peuple, chinois, vietnamiens, cambodgiens... et les asiatiques du monde des affaires, ceux qui vivent vers l'Opéra de Paris, en majorité japonais et coréens. C'est une classification et comme toute classification, elle ne vaut pas grand-chose. Mais évoquer les asiatiques, c'est évoquer un peuple qui ne fait pas parler de lui, qui ne casse pas les vitrines, qui ne brûle pas les voitures, qui travaille et fait marcher notre économie (Comme d'ailleurs les fameux épiciers arabes sans qui le parisien moyen serait souvent perdu). Je me suis laissé dire du temps que j'habitais Paris que le commissaire du 13ème arrondissement (d'ailleurs marié à l'époque à une chinoise) n'avait pas trop de boulot par rapport à ses collègues qui l'enviaient. Le racisme anti-chinois est très rare et souvent peu virulent. Et pourtant, voici un peuple qui, d'une certaine façon nous a déjà colonisés : la quasi-totalité d'entre nous sait

manger avec des baguettes, sait ce qu'est le soja, l'alcool de riz et les nems... Ce peuple ou plutôt ces peuples, vivent parmi nous, commercent avec nous, se rendent utiles, font souvent des affaires fructueuses car ils travaillent plus que nous, et même s'ils profitent de quelques privilèges, ils ne font pas d'envieux parmi la population bien de chez nous.

J'ai eu de nombreux amis chinois, - car j'ai toujours étudié ce peuple et sa philosophie -, et de cœur je me sens bouddhiste. (Qu'on ne me dise pas que c'est une religion, car c'est une religion sans dieu). La plupart des français moyens, ceux qui ne connaissent les chinois qu'au travers des serveurs de restaurants, - ce qui ne prédispose pas à la causette - ne savent pas, par exemple, qu'à part exceptions, les chinois ne se marient qu'entre eux. Ils ont là-dessus une règle stricte, une coutume rigide. Les filles chinoises peuvent avoir des amis français, peuvent même sortir avec des français, mais elles se marieront (presque) toujours avec des chinois. Il est clair qu'il y a un désir de garder la *race* pure, la culture et tout ce qui fait qu'on est chinois pour la vie.

Alors, le chinois est-il raciste ? Encore une fois, je plains les pauvres malheureux occidentaux ayant à répondre à cette question. S'ils considèrent qu'il n'est pas légitime de préférer sa culture à celle des autres, et préférer rester entre soi, alors le critique dira : *voyez comme ils sont racistes*. Mais ils ne gênent personne. Et comme on ne les jamais colonisés, persécutés, nous n'avons rien à nous faire pardonner d'eux. C'est pourquoi, nous ne parlons guère de racisme anti-asiatique. Car, il semble clair que pour parler de racisme envers un peuple, il faut, d'abord avoir été en conflit avec lui.

Les contorsions linguistiques du non-raciste

Nous avions en France voici plus de vingt ans, un grand philosophe méconnu : il s'appelait Coluche.
Il a donné à mon sens la meilleure définition du racisme en disant à peu près ceci : Il n'y aura plus de racisme en France quand on pourra traiter un arabe de sale con sans être traité de raciste ». Ce n'est pas une phrase légère, elle pourrait se trouver sous la plume de l'un de nos meilleurs philosophes.
Elle indique clairement que le racisme aura disparu quand nous ne ferons plus de différences dans notre façon de traiter, d'aimer ou de détester les autres, tous les autres. On revient, on le voit, à la notion fondamentale de différence.
Il n'y aura plus de racisme le jour où nous regarderons le noir, l'arabe... comme un homme avant tout, et tout simplement. Mais quand ?
Ce n'est pas une mince affaire, car les différences sont nombreuses entre nous les blancs de souche, les différentes sortes de noirs, de marrons, et aussi les juifs ou les asiatiques, les manouches... Il y a des différences objectives, réelles, dans les façons de se comporter et de penser, d'être en société.

C'est pourquoi, il nous faut une sacrée dose d'optimisme, voire d'aveuglement pour penser qu'un jour le racisme disparaîtra. Car il est un sentiment quasi naturel.

Quelques mots de sémantique. En France, nous avons ceux qui se disent racistes, tout à fait et toujours ou seulement à l'occasion dans certaines circonstances. Ce qui est le cas, de la très grande majorité des Français.

Il y aussi les anti-racistes, ceux qui militent et luttent contre le racisme ; nous avons tout lieu de penser que par leur militantisme, ils sont tout autant racistes que ceux qu'ils veulent combattre. Ils fonctionnent et raisonnent comme les racistes et leur argumentation est un miroir de celle de leurs ennemis, comme l'a très bien remarqué Pierre-André Taguieff.

Et, comme toujours, il y a la masse des gens, entre les deux, soit des indifférents, soit simplement des personnes qui ne se reconnaissant ni dans le portrait du raciste, tel que les médias nous le dépeignent, ni dans les mouvements anti-racistes. Ceux-là sont à deux doigts de ne pas exister, tout simplement parce qu'ils n'ont pas de nom et parce que notre cerveau travaillant par dualismes n'a pas su créer une case pour les intégrer. Ils sont un peu dans la position de ces mouvements politiques qui se disent au centre et à qui on ne cesse de répéter : « *Au centre, certes, mais centre droit ou centre gauche ?* » Pauvre cerveau humain, pauvre de nous comme disait Brassens.

Donc, si vous n'êtes pas raciste, c'est que vous êtes anti-racistes et vice-versa bien sûr. Et bien non, il y a des nuances, il existe une échelle d'opinions et de comportements dans le racisme et dans les opinions vis-à-vis de lui, comme pour n'importe quel autre sujet de polémique.

Comment appeler cette partie de la population, peut-être quantitativement la plus importante ? Nous suggérons *non-racistes* car c'est simple ou encore *aracistes*. Mais, bon, je ne suis pas très tenté de créer de nouveaux mots pour notre belle langue, car, en tant qu'anthropologue sémanticien je sais à quel point créer un nouveau mot, c'est se créer de nouveaux soucis.

Mon portrait du non-raciste serait basé sur des comportements naturels, sans trop réfléchir, composés d'amitié, de mépris, de haine et d'amour pour toutes les personnes qu'il fréquente, sans s'occuper de savoir à quelle race ou culture ils appartiennent. Le non-raciste peut avoir des propos amicaux avec certains, il dirait par exemple : « *J'aime bien les marocains* », mais tout aussi bien il pourrait dire : « *Les noirs ne sont pas futés* », sans pour autant qu'il y ait la moindre haine dans son cœur. Il tient à l'occasion des propos que nos censeurs taxeront de racistes, mais sans y voir de malice. C'est une généralisation du même type de celle qui dit que les auvergnats sont radins. Ces personnes représentent-elles le français moyen ? Et faut-il les punir alors qu'il n'y a aucune haine, aucun mépris dans leur cœur ?

Mais la position du non-raciste n'est pas facile à tenir et à tout moment il peut glisser vers un racisme plus avéré. Car le non-raciste naïf se heurte en permanence à deux écueils : les insultes des anti-racistes qui le jettent dans le panier des racistes, et le racisme des autres peuples vis-à-vis de lui.

Car, et cela me met en colère, lorsqu'on lit un article de journal, que l'on regarde une émission de télé, quand on parle de racisme il va de soi qu'il s'agit toujours du racisme des français de souche vis-à-vis des populations soi disants minoritaires et brimées, jamais du racisme de celles-ci envers nous.

Une remarque : si l'importance d'une population peut se mesurer aux kilos de papier écrits sur elle, ou au volume du flot de paroles répandues, on peut affirmer sans se tromper que les populations en question, sont loin d'être minoritaires dans notre pays. Elles occupent déjà une grande partie de notre espace intellectuel.

Bref, comment faire pour montrer aux autres que l'on n'est pas raciste, sans pour autant s'engager à se comporter de façon exemplaire ? Il y a un niveau de notre personnalité qu'on peut changer sans risque, et sans tout changer : c'est la parole, le langage. C'est en inventant des mots pour parler des autres et de soi que l'on fait croire que l'on n'est pas raciste. Pour ne pas alourdir ce texte, nous citerons deux exemples notoires de langage politiquement correct.

D'abord, il semble que ce soit pour les noirs que les euphémismes aient le plus fleuri. De *nègre*, encore utilisé dans les années 1950, on est passé à *noir*, puis à *homme de couleur* ou encore au terme *black*. La majorité d'entre nous croit sincèrement qu'utiliser ces euphémismes, c'est montrer qu'on n'est pas raciste. De notre point de vue, c'est l'inverse qui est vrai.

Citons Gaston Kelman dans : « *Je suis noir et je n'aime pas le manioc* » :

« *Chaque fois que je revendique d'être noir devant ceux qui font de moi un homme de couleur ou un Black pour ne pas me faire de la peine, je vois le malaise de mes amis* »

« *En effet, ils (les Noirs) deviendront français quand vous cesserez de voir en eux des Blacks et quand ils seront redevenus des Noirs, tout simplement. Comme vous aussi vous êtes blancs et non white.* »

Et aussi : « *A quoi sert-il de débaptiser les Nègres tous les cinquante ans si l'on ne change pas le regard que l'on porte sur eux ? Je trouve des simagrées coupables et même insultantes* »

Plus loin dans le texte, il devient plus précis contre le politiquement correct de nos contemporains : « *Un jour, on n'aura plus le droit d'appeler un chat un chat. Surtout s'il est noir ou arabo-persan.* »

Gaston Kelman rejoint là la pensée de Coluche et j'espère qu'il ne le prendra pas comme une insulte. C'est presque mot pour mot la même phrase dans Au-delà du Noir et du Blanc : « *Et si le Noir est un con, sa couleur devrait-elle le mettre à l'abri de son rejet ?* »

Bref, un noir est noir. Noir c'est noir, chante Johnny. Dire homme de couleur est une imbécillité, d'une part parce que le noir, - comme le blanc - n'est pas une couleur, mais surtout ensuite parce que les noirs ne sont pas plus colorés que nous.

Il n'a pas si longtemps un comique noir passait dans les wagons du RER et se faisait une petite fortune tant il était excellent. Son sketch de base était simple : vous autres, les blancs vous naissez tout roses, quand vous être en colère vous devenez rouge, quand vous avez peur vous êtes verts de peur... etc. Nous, les Noirs, nous sommes toujours noirs, alors c'est qui les hommes de couleur ?

Mais je m'attarderai un tout petit sur le mot *black*. D'abord on n'a pas besoin de faire appel à l'anglais pour parler de nos noirs à nous, heureusement que le ridicule n'a jamais tué. Car, enfin, *black* veut dire noir. Et, dans la mesure où l'on ne dit jamais *white* pour parler des blancs, il est clair qu'en utilisant pour désigner un Noir un terme qui n'a pas son équivalent dans la description d'un homme blanc, il y a bel et bien une différence de traitement entre les deux populations. Et justement, cette différence de traitement est une des caractéristiques fondamentales du racisme. On dit blacks ou hommes de couleur(s) comme les américains disent afro-américains. Du coup nous nous retrouvons baptisés par symétrie de caucasiens ! Autre fait curieux : dans les reportages et les séries policières à la télé, quand on évoque un mort, on dit souvent qu'il était de *race blanche*, mais je n'ai jamais entendu l'expression : de *race noire* (ni même de race juive d'ailleurs). On voit clairement qu'il existe des différences dans le langage et dans la façon de traiter les peuples.

On voit clairement que certains mots, pourtant neutres, sont assimilés à des insultes et à des propos racistes. Alors que le racisme c'est justement le fait de ne pas utiliser certains mots justes pour désigner les autres. Où va-on s'arrêter dans la course au bien dire ?

Faut-il en rire avec Gaston Kelman quand il évoque l'idée que si ces euphémismes étaient empruntés à la langue espagnole, les *blacks* se retrouveraient à la case départ car il faudrait les nommer *negros*, et comme cela n'est guère correct, le verlan s'en mêlerait et on les appellerait alors des *groné*. On entend déjà les plaisanteries !

Nous avons manifestement peur de dire à un homme noir qu'il est noir.

Je vais donner un exemple vécu. Dans ma jeunesse j'avais un cabinet de consultant situé au Palais Royal à Paris et j'employais une petite équipe de demoiselles *de race blanche* issues du milieu petit-bourgeois. Et aussi quelques journalistes, et sans le savoir bien sûr, un futur prix Goncourt.

Une année j'ai recruté un gabonais, du plus beau noir. Un jour il est arrivé avec un appareil de photo magnifique que son père lui avait envoyé ; il se plaignait d'avoir raté ses photos et souhaitait que je l'aide. Il m'a alors montré des photos de lui-même, prise contre un mur... noir. Il a bien fallu lui expliquer que noir sur noir, on ne pouvait rien voir ; je le lui ai prouvé avec la photo d'un objet noir sur fond blanc. Il a tout de suite compris. Je lui ai alors demandé pourquoi il n'avait pas demandé à une des filles du bureau. Il l'avait fait, mais elles n'avaient pas osé lui répondre, et lui avaient dit de venir me voir. Elles n'avaient pas osé lui dire qu'il était noir. Incroyable mais vrai. Piégées par leur propre bêtise ; ne pouvant éviter d'utiliser le mot noir pour lui expliquer pourquoi ses photos étaient ratées, elles avaient préféré fuir le problème pour ne pas paraître racistes.

Ce n'est pas une insulte de dire à un Noir qu'il est noir, c'est un constat. Mais, quand un constat est traité comme un crime, c'est que notre société est en phase de déliquescence.

Le deuxième exemple de contorsions de langage que je donnerai concerne les différentes façons d'éviter le mot *race*. Là, encore nous avons un exemple bien triste de notre petite capacité à penser et à accepter les différences. Car enfin que les races existent ou non, - et pour tout dire, on s'en moque un peu -, cela reste un terme neutre, nullement raciste.

Alors pour ne pas dire *race*, on ressort la panoplie du politiquement correct : on parle *d'ethnies*, ou

mieux encore de *civilisations*, de *peuples*...
C'en devient agaçant, car enfin quoi, il y a bien
quelque chose qui me distingue des Noirs, des
Juifs, ou des Arabes (quoique !)... Certes je sais
que les Français, comme bien d'autres peuples
sont un peuple métissé ; je sais même que, moi-
même, j'ai des ascendants arabes. Mais,
aujourd'hui, *ici et maintenant*, je me sens
français, blanc et conscient de ce que je dois à
mes ancêtres, gaulois, romains ou n'importe quoi
d'autre on s'en fiche.
Ce que je veux dire est que le mot *race* ne me
gêne en rien, pas plus que n'importe quel autre
mot, tout simplement parce que ce ne sont que
des mots.
Ce que je veux dire et nous revenons au fil
conducteur de ce livre : la Carte et le Territoire,
c'est que les actes racistes existent et peuvent
être répertoriés, alors que les mots à eux seuls ne
peuvent être des manifestations de racisme.
Nous en arrivons au chapitre suivant qui,
justement, va traiter des sanctions contre ce
qu'ils appellent le racisme.

Les dérives autoritaires des anti-racistes

On en arrive au chapitre le plus délicat, où les mots sont à manier avec précaution: celui des interdits et des sanctions judiciaires envers les propos et actes racistes.
Pour ne pas tomber sous le coup de ces lois, je resterai doux dans la critique, tout en affirmant que ces lois me scandalisent dans la mesure où elles sont des atteintes graves à la liberté d'expression. D'autant plus qu'il existe d'autres façons de combattre le racisme et ses manifestations : nous laisser dire et faire confiance en notre sens critique.
Un exemple heureux de cela, hélas pas chez nous, mais aux USA. On le sait, la justice française a condamné le professeur Faurisson, pour négationnisme, de même qu'elle poursuit durement toute personne mettant en doute l'existence des chambres à gaz. Bref, le professeur Faurisson a publié une version américaine de son œuvre, qui ne fut ni interdite ni sanctionnée. Or, qui en a écrit la préface ? Le professeur Noam Chomsky, grand linguiste et aussi connu pour être un turbulent gauchiste, et juif de surcroît. Cela lui fut reproché par

certains. Qu'a-t-il répondu ? Que, même s'il n'était pas d'accord avec le professeur Faurisson, même si ses propos étaient manifestement racistes, ce n'était pas une raison pour l'interdire de parole. Car chacun a le droit de s'exprimer et chacun a aussi la possibilité de se forger sa propre opinion.

Les USA ont certes une tradition de liberté plus grande, bien que plus récente que la nôtre. Nous, nous savons bien parler de liberté et mettre le mot sur notre devise et sur nos pièces de monnaie ; mais quant à l'appliquer...

Pour laisser libre un peuple de lire les livres qu'il désire, de dire ce qu'il veut et ce qu'il pense des autres, tous les autres, il faut le considérer en adulte. Il est clair que nos gouvernants ne nous respectent pas, ils nous traitent comme des enfants, alors qu'ils ne s'étonnent pas si, en retour, nous ne les respectons pas non plus.

Infantiliser son peuple pour ensuite mieux le punir est une très vieille façon de gouverner. Et très efficace, car une grande partie du public, de nos jours est tellement moutonnier, qu'il ne finit pas d'approuver les lois les plus liberticides à son encontre.

Par exemple, on sait ou devrait savoir que le livre bien connu *Mein Kampf* d'un certain Adolf Hitler, est autorisé à la vente depuis 1979, ([15]). Cela n'a pas empêché dans ma belle province, qu'une visiteuse d'une brocante en voyant ce livre à l'étal d'un brocanteur a appelé la police. Bottez la fesse droite, et il y aura toujours des gens pour tendre la gauche. Et pourtant vous trouvez le livre pour 22 € chez Amazon.

Il serait intéressant, et déprimant, de faire une étude sur les lois liberticides depuis la fin de la dernière guerre. Ne serait-ce que pour illustrer cette belle pensée de notre philosophe Coluche selon laquelle tout ce qui n'est pas obligatoire est interdit. Il serait aussi intéressant de comparer les pays européens sur ce plan, et je suis prêt à parier que la France arriverait en tête par la somme des interdits. C'est normal : nous sommes réputés être le pays de la liberté.

Rassurons-nous, il paraît que c'est pire ailleurs, hors Europe, je veux dire.

Nos gouvernants ont pondu des lois, c'est leur droit, c'est leur prérogative, mais une loi dictant un interdit devrait nuancer ses dictats et toujours laisser au peuple une bonne marge de liberté pour laisser la pression sortir de la marmite. La voie législative, qui conduit trop souvent à la voie

---

[15] *Les juifs d'Allemagne viennent d'autoriser la réédition de l'ouvrage qui tombera bientôt dans le domaine public.*

punitive, est la pire des solutions si l'on veut que les gens changent d'opinion.

Le plus grave est que toutes ces lois ne traitent que l'aspect superficiel du racisme ; elles sanctionnent les écrits, le langage, autant sinon plus que les faits. Or, seuls les faits sont graves. Un exemple particulièrement scandaleux de la nocivité de ce type de pensée est celui de l'Abbé Pierre. Ce brave homme, a eu un jour l'idée saugrenue de mettre en doute le nombre de seize millions de morts juifs pendant la guerre. Du bon sens, car personne ne s'est amusé à compter, certes. Ce n'est pas du négationnisme à ce que je sache. Aussitôt les associations anti-racistes bien connues, toujours les mêmes et toujours vigilantes, l'ont banni de leur comité d'honneur. Il a fallu qu'il fasse des excuses pour ces propos incongrus. Alors que tout le monde sait que l'Abbé Pierre a sauvé des vies juives pendant la guerre. Là, on atteint la folie d'un monde quand ce qu'on dit est plus important que ce qu'on fait. Chez nous, il faut mieux tuer son prochain en le traitant de brave homme, que de le sauver en le traitant de sale con.

Faites ce que vous voulez, mais faites attention à ce que vous dites.

De 1950 à nos jours, sur le plan de la liberté d'expression, nous sommes vraiment passés d'une

civilisation à une autre. Et, rien n'indique que cela va s'arrêter. Demain vous serez condamné si vous traitez en public (et bientôt aussi en privé) votre femme de pétasse, ou votre voisin de palier de pédé... Il n'y a pas de limite à cette folie, car elle grandit par association d'idées, en baissant à chaque fois d'un cran la limite de la tolérance.
Une encyclopédie serait nécessaire pour faire le tour de ce problème.
Ce qui est sûr est qu'on peut difficilement demander aux racistes un peu plus de compréhension et de tolérance quand on montre si peu dans la gouvernance d'un pays. Encore une fois, c'est Gaston Kelman qui me semble avoir bien exprimé ces idées dans *Par delà...*
« S'il est parfois indispensable de légiférer, la fin des discriminations ne viendra pas des lois... »
A trop punir son enfant, on sait que cela ne l'amène pas à obéir mais à devenir plus intelligent dans ses désobéissances.
« Dès lors, plutôt que de l'aider à comprendre que le critère ethnoracial est un mauvais critère, on va l'aigrir en voulant l'humilier. Résultat : on va l'amener à affiner ses comportements discriminatoires pour devenir incollable »

Un remède au racisme : l'individualisme ?

De par la définition même que nous avons adoptée pour le terme *racisme*, il est évident qu'un individualiste pur ne peut pas être raciste car le racisme est la généralisation d'un sentiment ressenti envers un peuple tout entier.
Tant que j'exprime mes sentiments envers telle ou telle personne de mon entourage, si je dis par exemple : « *Mon collaborateur Antoine qui est gabonais, est vraiment con* », je ne suis pas raciste car je le considère en tant qu'individu, en tant que collaborateur. J'ai le droit de traiter quelqu'un de con (même si c'est rarement une bonne idée de faire cela) si je le pense en tant que personne ; qu'il soit noir, breton ou auvergnat ne change rien à ce droit. Je deviens raciste quand je dis que les gabonais ne sont pas très intelligents.
Ou l'on retrouve notre fil conducteur : je suis raciste quand je généralise. Donc, on peut rêver et avancer que si l'on pouvait apprendre à tous nos contemporains à ne plus généraliser, le racisme disparaîtrait comme par enchantement. Et bien d'autres maux par la même occasion.

Mais, par ailleurs, l'individualisme pur est un autre des maux de notre civilisation et parfois il arrive que le remède soit pire que la maladie. Ce que nous disons ici, c'est qu'une personne qui saurait voir chez les autres peuples différents de lui, noirs, juifs, arabes, asiatiques, de simples individus et seulement cela sans les juger, cette personne ne pourrait guère devenir raciste. Pour cela, il faut apprendre à bloquer le processus de généralisation que nous avons analysé, bloquer le passage entre :

1. Ce que je vois, *ici et maintenant* ; par exemple un Noir qui vole le collier d'une vieille dame dans le métro,

2. Le jugement qui se forme aussitôt dans mon esprit, par exemple : *les Noirs sont des voleurs.*

En admettant qu'on arrive à bloquer ces processus habituels, le vœu de Gaston Kelman pourrait être exaucé car :

« *Au delà du Blanc et du Noir, il y a l'être humain, tout simplement* ».

Un exemple : le cas Rudy

Rapellons les faits : au soir du 21 juin 2008, le jeune juif de 17 ans, nommé Rudy est retrouvé tabassé sur le trottoir, dans un état grave à Paris dans le 19ème arrondissement et tombe dans le coma.
C'est le fait de base, inattaquable.
Quand on lit en rafale les journaux de tous bords, journaux papiers et journaux web, on est d'emblée frappé par les imprécisions, voire les gros écarts dans les descriptions de ce qui s'est passé. Au fil des jours et des articles, on arrive progressivement à entrevoir ce qui a du vraiment se passer. On ne peut trop en vouloir aux journalistes, quasi contraints de donner l'info tout de suite, même s'ils savent qu'elle n'est pas complètement vérifiée. Alors, ils écrivent en fonction de leurs sources, le plus souvent subjectives. Ainsi, on remarque des versions très différentes sur plusieurs points fondamentaux. Tout d'abord sur le nombre des agresseurs de Rudy, on va de quelques uns, 5 pour un journal, jusqu'à 50 pour un autre.

Ensuite la confusion existe aussi quant à savoir avec quoi il a été battu : batte de baseball, barre de fer...

Plus grave on ne sait pas exactement tout de suite qui l'a frappé ; il semble que ce soit une bande de jeunes noirs et maghrébins, mais un journal parle aussi d'européens. (^{16})

Ensuite, on ne sait pas s'il était seul au moment de l'attaque. Tantôt on le dit seul marchant dans la rue, tantôt accompagné de plusieurs autres juifs.

Enfin, et c'est encore plus grave, on ne sait pas vraiment ce qu'il faisait juste avant l'agression. Pour les uns, il se promenait rue Petit dans le 19ème, pour d'autres il se rendait seul dans une synagogue du quartier, et on finira par apprendre qu'il faisait partie d'une bande de juifs se battant contre des jeunes d'autres confréries depuis déjà quelque temps.

Ou ça commence à devenir grave, ce n'est pas dans le récit des faits, car on sait depuis toujours que la subjectivité des témoins empêche toute appréciation juste de ce qui s'est passé, surtout quand le fait a un caractère violent et traumatisant pour les spectateurs. Ce qui est

---

[16] *Notons un progrès toutefois : il y encore quelques années, les journaux auraient évoqué « une bande de jeunes »*

grave se trouve dans les interprétations des uns et des autres et aussi dans la façon dont ils réagissent.

Ici, au fil des pages des différents journaux on observe deux types d'interprétations des faits lesquelles semblent s'opposer en tous points.

La version interprétée n°1 est celle qui parle d'un acte antisémite et la version n°2 celle qui parle d'une bagarre entre *gangs* (?) du quartier. Voyons qui adhère à ces deux versions.

La version 1 est avancée spontanément, sans avoir pris la peine de vérifier quoi que ce soit, par les gardiens du temple, laïcs ou religieux. C'est-à-dire par le gouvernement, président en tête, et par les autorités religieuses juives.

Notons bien : il s'agit d'une interprétation, d'une explication des faits, sans aucune connaissance réelle de ce qui s'est passé ? L'opinion est préexistante à la découverte des faits. En termes de Sémantique Générale, on passe du Territoire (les faits concrets encore ignorés) à la Carte (les interprétations) en un seul mouvement, et sans aucune légitimation.

Cela ne peut manquer de nous rappeler un autre évènement raciste : la profanation des tombes du cimetière de Carpentras, où le Ministre de l'Intérieur de l'époque a accusé le Front National, sans aucune preuve, d'emblée. La police a découvert, après enquête, qu'il s'agissait de toute autre chose, mais le mal était fait.

Pourquoi une agression antisémite ? Cette version est justifiée par ceux qui la partagent par les faits suivants : « *Il portait une kippa, il se rendait à la synagogue, on ne lui a rien dérobé, c'est donc un acte antisémite* ». C'est aussi le point de vue du père, mais lui, il faut l'excuser car dans le malheur, les idées sont moins claires et quand le cœur parle, il ne fait pas toujours appel à la raison.

Donc, ceux qui nous gouvernent et de qui nous sommes en droit d'attendre des comportements posés, réfléchis, sont ceux qui interprètent le plus.

Parce que nos gouvernants doivent choisir entre écouter la voie de leur intelligence (car, je pense qu'ils en ont une) et le politiquement correct qui leur ordonne de ne pas rater une seule manifestation d'indignation vis-à-vis de tout acte renommé raciste : alors ils condamnent sans savoir. Car on leur pardonnera toujours de s'être trompés, - on l'oubliera même - mais pas d'être restés indifférents.

Cela fait partie de leur boulot de montrer qu'ils sont les gardiens du temple ; ils gardent le temple sans même savoir qui est à l'intérieur.

Le président, alors en visite en Israël, comme par hasard, s'est dit « *profondément choqué de ce qui est arrivé à un jeune Français, sous prétexte qu'il portait une kippa* ». Et quand le président parle, les ministres lui emboîtent le pas pour dire... la même chose. Gérard Gachet, porte-parole du Ministère de l'Intérieur a déclaré que l'agression antisémite était certaine et que la victime semblaot avoir été prise à partie à cause des signes distinctifs religieux qu'elle portait : la kippa.

Le plus curieux est l'attitude du grand Rabbin de France qui, dans un premier temps affirme que c'est à l'enquête de déterminer s'il s'agit bien d'un crime raciste, et qui est revenu sur ce premier point de vue en affirmant que l'agression présentait un caractère notoirement antisémite. Parallèlement le Bureau National de Vigilance contre l'antisémitisme «*demande aux services de police de tout mettre en oeuvre pour identifier et interpeller les auteurs de ce crime qui, de toute évidence porte, tous les éléments d'un fait de nature antisémite* ».

D'un autre côté, d'autres groupes défendent la thèse n°2. La police a fait son travail, comme le demandait tout le monde et a rapidement trouvé que le fameux Rudy était déjà connu et fiché par leurs services pour être un activiste impliqué dans d'autres bagarres qu'il était membre de la Ligue de Défense Juive, et qu'il s'agissait bien d'une bagarre entre deux bandes de confession rivales.

Toutefois, un certain nombre de mouvements ont montré dans cette affaire un minimum de prudence et de bon sens.

La Ligue des Droits de l'Homme qui a appelé à « *refuser les affrontements intercommunautaires* » et affirmant que « *chacun mérite le respect* ».

L'UFAL (Union des Familles Laïques) qui appelle les pouvoirs publics à créer en France un « *vivre ensemble* ».

La Ligue communiste révolutionnaire souligne que « *seul le dialogue entre jeunes de toutes origines permettra de résoudre cette détestable situation qui nourrit la violence* ». Ce qui est exactement notre thèse, sauf qu'il faut dépasser le constat de ce qu'il faut faire et commencer à le faire.

Enfin, et c'est intéressant le Conseil français du culte musulman (CFCM) à lancé « *un appel solennel pour que le dialogue entre toutes les familles religieuses de France soit renforcé* ». Un appel à la paix et un début de solution. Bien sûr les mauvais langues, (je les entends déjà) diront ; bien sûr, mais si le blessé avait été musulman... auraient-ils réagi avec le même calme et le même bon sens ?

A ce stade de l'analyse, je ferai un premier point en faisant deux remarques synthétiques :
1. D'un côté, nous avons ceux qui restent en chambre, ceux qui nous gouvernent, bref la France d'en haut, qui nous survole de très loin là-haut, détachée de la réalité du terrain, les politiques donc. Ils représentent la voix de la Carte, la voix abstraite du bien dire, du bien penser ; et de l'autre, ceux qui travaillent dans la rue, tout près des réalités, et qui découvrent ce qui s'est passé. On retrouve encore une fois l'opposition abstrait / concret. Mais force est de constater, en cette affaire du moins, que la police s'est montrée plus intelligente que nos élites dirigeantes. Cela fait froid dans le dos.
2. La deuxième remarque est tout aussi désolante : ceux qui nous gouvernent et qui devraient surtout se pencher sur les solutions, semblent plus attachés à découvrir les explications qu'à résoudre les problèmes. Il y a eu bagarre, il y a eu un blessé grave, juif, - mais il aurait tout aussi bien pu être musulman - ; certes il importe de savoir ce qui s'est exactement passé, ne serait-ce que pour punir les fautifs, mais combien plus important est-il de réfléchir à des voies de changement pour que ce genre de conflit diminue, à défaut de cesser complètement ?

Ici encore nous trouvons l'opposition entre ceux qui se situent au niveau des abstractions et qui prônent l'importance de comprendre, de trouver des explications, de découvrir les causes, et ceux qui se situent au niveau du comment faire et qui sont orientés vers le futur et les objectifs à atteindre. C'est par là que se cachent les solutions aux problèmes du racisme.

Penchons-nous maintenant, juste un instant sur la nature des réactions de nos politiques ; elles sont unanimement indignées.

Roselyne Bachelot fait part de « *son indignation* », François Fillon dit que cet acte est « *intolérable* », le Parti Socialiste qui ne pouvait rester muet parle d'un « *acte de violence inadmissible* », Bertrand Delanoë dit sa « *consternation* » face à cette « *agression ignoble* » et la LICRA dénonce.

Juste une remarque douloureuse : de tout temps, nous entendons dans les médias, les personnalités politiques et autres gouverneurs de notre *prêt à penser* déclarer tel ou tel acte inadmissible, intolérable. Et force est de constater qu'il s'agit toujours d'actes et de faits qu'ils tolèrent et qu'ils admettent régulièrement. J'aimerais faire un sondage auprès de mes lecteurs et leur demander : « *Quand vous entendez des expressions telle que : ceci est inadmissible, in tolérable, êtes -vous capable de garder votre sérieux ou éclatez-vous de rire ?* ». Lecteurs, aidez-moi à créer des vrais sondages pour aller au plus noir de nos esprits !

Encore une fois faisons appel à notre fil conducteur : la Carte et le Territoire. Les réactions outrées, scandalisées, ne font rien avancer ; ce n'est que littérature, et littérature hypocrite qui plus est, car ceux qui disent ça, même s'ils sont sincères, sont dans une position dans laquelle ils ne peuvent pas ne pas le dire. D'où le fait que leur indignation se trouve dévaluée par son caractère obligatoire.

Au sujet des journaux, seuls les journaux non conventionnels, souvent sur le Web (tels qu'Agoravox.fr ou Alterinfo.net) ont donné des sons de cloche différents, irrévérencieux vis-à-vis des élites. Voici une citation prise sur le site Agoravox.fr : « *Encore une fois, notre gouvernement au grand complet a jeté des cris d'orfraies, déballant son indignation en en profitant pour montrer un franc soutien à Israël au moment où notre président visite Jérusalem* ».

Maintenant, car il faut bien en finir avec ce cas, je voudrais encore une fois apporter mon grain de sel sur la soupe immonde.

En disant deux choses.

Alors, acte raciste notoirement antisémite ou bagarre de gangs ? Et si c'était les deux ? Si les deux bandes rivales qui se battaient étaient toutes deux animées par des sentiments racistes de haine pour l'autre ethnie, l'autre religion ? L'explication importe peu et surtout pourquoi se limiter à une explication mono-cause ? Les phénomènes humains sont toujours plus complexes qu'un simple dualisme en *oui* ou *non*. Pourquoi parler d'un acte antisémite (je veux dire anti-juifs) alors que le malheureux hasard aurait tout aussi bien pu faire que le blessé soit musulman ? Mais, où est le bons sens, que l'on dit la chose au monde la mieux partagée ?

Ensuite, et ce sera mon dernier point le plus choquant dans toute cette affaire est que ceux-là mêmes qui se sont offusqués aussi fort ne nous parlent plus de Rudy. On a appris, quelques jours après l'agression, qu'il était sorti du coma, et peut-être qu'un journal quelconque en petits caractères a parlé de son état actuel, de l'avancée de l'enquête, mais dans un entrefilet au milieu d'autres faits, et des pubs pour les machines à laver. Cela est profondément choquant et peut-on encore parler d'information quand on voit que la quasi-totalité des affaires qui ont fait la une des journaux, y compris des

journaux télévisés, disparaissent tout simplement
comme si elles n'avaient jamais existé.
Le ressac des informations nouvelles les a noyées
dans la mer profonde de notre indifférence. C'est
beau, mais c'est triste.

CONCLUSION : combattre le racisme ?

Résumons la thèse défendue dans ce petit livre.
Je rappelle qu'il s'agit plus de l'application d'une
manière d'analyser que d'un étalage d'opinions
personnelles. En fait je n'ai pas d'opinions
personnelles vis-à-vis du racisme, et s'il fallait me
classer, il est certain que je n'irai pas rejoindre
ni les rangs des racistes, ni ceux des anti-racistes.
Tout choix dualiste contient sa propre imbécillité.
La vie des hommes en relations est infiniment
plus complexe qu'un « *ou bien – ou bien* ».
Ma thèse s'articule autour des points suivants :
1. Le racisme étant *un sentiment de différence
généralisée servant à déprécier l'autre et ses
semblables, il est quasi inévitable.* Nous sommes
tous plus ou moins racistes, quand nous abaissons
le seuil de tolérance. Par exemple, si l'on
considère que préférer nos coutumes à celles des
aborigènes d'Australie c'est du racisme, alors
nous le sommes tous. Et les touristes qui donnent
des stylos billes par la fenêtre de leur car
climatisé, ne se comportent-ils pas aussi en
racistes... Mais, il suffit de remonter la barre de la
tolérance aux propos racistes, de repousser la
frontière au delà de laquelle nous sommes

considérés comme des racistes, de la fixer par exemple aux insultes, ou aux coups portés sur l'étranger, alors, les racistes seront tout de suite moins nombreux. La plupart des français n'aiment guère les étrangers, on l'a vu, mais la plupart acceptent toutefois de leur parler et de les fréquenter, jusqu'à une certaine limite. En fait, et ce sera le fil conducteur de toute la collection : *on ne peut parler du racisme en général, mais des racismes (ou racistes) en particulier.*

2. *Le racisme est un processus cognitif, la résultante de généralisations, de biais et de tunnels mentaux.* Il suffirait d'apprendre à nos contemporains à organiser leurs idées autrement, à ne plus généraliser, à respecter les niveaux d'abstraction de leurs opinions, à ne plus confondre l'exemple avec la preuve, et veiller aux respect des statistiques... bref à pratiquer ce que Baillargeon ([17]) appelle *l'autodéfense intellectuelle*, pour faire diminuer le racisme rapidement. Mais, tant que notre logique pour analyser es évènements sera booléenne, et dualiste en termes de : oui ou non, le racisme naîtra facilement dans nos esprits, à la moindre observation.

---

[17] *Baillargeon... op cit*

Le racisme vient très vite, mais ne repart que lentement. Car il faut faire un effort de pensée et contrôler ses sentiments pour ne plus être raciste. Il faut apprendre à ne plus faire de différences de traitement dans nos relations avec les autres, tout en reconnaissant que les différences culturelles existent. Une différence est toujours préférable à la monoculture, à la fameuse mondialisation. Mais une différence n'est pas une inégalité. Et même si l'on parle d'inégalité ([18]) entre les peuples, il faut, là encore préciser : inégalité sur quels points ? Mais, tant que ce processus cognitif ne sera pas cassé, aucune lutte contre le racisme ne sera efficace. Aujourd'hui quand on entend dire un blanc à un autre blanc de souche : « *Sale con !* » on pense qu'il est en colère... mais s'il dit : « *Sale con* » à un ... (ici remplissez les pointillés avec ce que vous voulez qui représente un autre peuple), on le traite de raciste. Voilà le tunnel mental, qui fait que ce problème perdure, que les mouvements anti-racistes ont du grain à moudre, et que nos gouvernants reprennent sans cesse la plume pour nous pondre encore des lois

---

[18] *L'égalité et l'inégalité feront l'objet d'un prochain dossier dans le cadre d'une critique radicale de la démocratie, telle qu'on l'entend aujourd'hui.*

liberticides à partir d'une réalité virtuelle qu'ils ont eux-mêmes inventée : *la recrudescence du racisme.*

3. En conséquence, *il existe des degrés dans le racisme* : il n'y pas des racistes d'un côté et des non-racistes de l'autre, mais une échelle fictive de 0 à 100 sur laquelle chacun se positionne, *ici et maintenant*, que tout cela est très mouvant et peut facilement basculer d'un pôle à l'autre.

4. C'est ainsi que *les méthodes utilisées à ce jour par les mouvements anti-racistes, consistant à lutter contre le racisme, ne peuvent que lui donner un peu plus de vigueur.* Il peut paraître curieux et incompréhensible que les groupes luttant contre le racisme avec l'aide active des gouvernements du monde entier, soient si nombreux et fassent autant de bruit, et qu'en parallèle le racisme ne cesse d'augmenter, dixit ces mêmes groupes. N'est-ce pas un aveu d'impuissance ? Mais, n'ayant pas lu les ouvrages de l'Ecole de Palo Alto, et n'ayant aucune connaissance de la Sémantique Générale, ces groupes insistent et font *toujours plus de la même chose.*

Ils n'ont pas compris deux choses fondamentales : penser vouloir éteindre définitivement le racisme chez les hommes est une utopie et il ne faut pas poursuivre une utopie au risque d'y perdre la santé et la vie. Cette lutte est perdue d'avance, sinon ça se saurait. Et, deuxièmement, il ne faut pas dire lutter CONTRE le racisme mais travailler POUR instaurer des nouveaux comportements chez nos compatriotes. Lutter contre une idée lui donne de la vigueur, alors que faire naître des idées et des comportements contraires, les fait mourir à terme.

5. Dans le même ordre d'idées, les sanctions exagérées des gouvernements contre les propos et les actes qu'ils nomment racistes, ne peuvent qu'augmenter la rancoeur des plus racistes d'entre nous. Je crois que là, il est urgent de remonter la barre de la tolérance plus haut et de ne punir que les cas graves, notoirement racistes : les coups, les actes de violence physique, mais laisser les gens s'exprimer, même si ils s'expriment de façon méprisante pour une certain communauté. C'est un paradoxe mais je suis convaincu qu'il faut cesser de lutter contre le racisme si on veut commencer à l'éradiquer.

6. Enfin, parce qu'il faut bien finir provisoirement, je me refuse à prendre en considération tous les propos des anti-racistes, tant qu'ils n'accepteront pas d'élargir le débat, à l'ensemble des racismes de tous les peuples. Le racisme en France, c'est le racisme des blancs certes, mais aussi des juifs, des arabes, etc. Pour

être raciste envers quelqu'un, il faut au moins être deux, ou plus, et quand on est deux c'est la relation qui doit être étudiée. Comment se comporte chaque protagoniste et non pas un seul. C'est ainsi, par exemple que l'agression du pauvre Rudy, ne peut être seulement une agression antisémite, mais une lutte de deux racismes s'affrontant dans la rue et la vérité se situe quelque part dans les propos des deux adversaires. Et il ne faut faire rejaillir ces faits racistes sur ceux qui n'étaient pas là. Il faut refuser le tour de passe-passe des autorités nous parlant d'une recrudescence du racisme en France en faisant porter le chapeau à la race blanche. La bagarre de rue qui nous a servi d'exemple, comme les bombes de la rue Copernic et bien d'autres faits, sont des faits racistes exprimant des haines dans lesquelles nous ne sommes guère mêlés, nous les visages pâles. Et dire le contraire c'est de la *leucophobie*. Mais finalement, oui, c'est de notre faute quand même, car nous avons un gouvernement qui, malgré sa puissance et le grand nombre de ses sbires, ne s'est toujours pas montré capable de traiter le problème à partir des faits au lieu de le traiter à partir de bonnes intentions et à partir d'abstractions. Il faut parfois réfléchir avec sa tête et pas seulement avec son cœur ou son intérêt. Ceci dit, notre président nous a montré un bon exemple de lutte contre le racisme, qui comme je l'ai dit doit être la création de nouvelles relations, en nommant au gouvernement des têtes étranges venues d'ailleurs, venues des minorités visibles comme le disent de façon ridicule nos journaux télévisés. Il a plus contribué efficacement à la lutte contre le racisme que toutes les criailleries des associations anti-racistes, pour lesquelles, il ne faut pas l'oublier, le racisme est le fond de commerce.

En conclusion de la conclusion, je voudrais m'exprimer conformément aux propos tenus dans ce livre : de façon concrète. Je voudrais juste dire que la simple application de la méthode qui est la nôtre ouvre quelques voies pour diminuer les blessures dues au racisme :

1. En premier lieu, il faut bannir les stratégies d'antagonisme, qui consistent à « lutter contre » (le racisme, la guerre...) pour les remplacer par des démarches affirmatives et positives. J'explique : lutter contre le racisme c'est encore se référer au racisme, alors que créer de nouvelles relations entre les français c'est aller vers un ailleurs différent.

2. La stratégie doit commencer par des changements au niveau des individus. Arrêtons la création de multiples commissions, la création de

nouvelles associations, car tout ceci possède des effets pervers que l'on connaît bien. Une association qui lutte contre quelque chose, même si elle est bien intentionnée, a besoin, pour continuer à exister que le problème qu'elle traite perdure.

Cependant, malgré le pessimisme ambiant de mon livre, j'observe de ci de là des initiatives positives pour bien traiter et calmer le jeu du racisme. Quand un éducateur crée une équipe de football mixte, quand un chef d'orchestre réunit par moitié des musiciens juifs et des musiciens palestiniens, quand on fait faire quelque chose de concret à une équipe mixte... on avance d'un grand pas vers un début de solution. Et, chaque fois, on observe que les personnes ainsi réunies s'entendent bien et adoptent rapidement une nouvelle vision du problème ; ils deviennent les porte-parole de l'essentiel : que c'est possible de ne pas s'étriper.

C'est à ce titre que je trouve exemplaire la décision de notre président de faire appel à quelques têtes de couleurs variées. Par exemple, en cette période où le racisme anti-arabe est très fortement exprimé par beaucoup d'entre nous, faire représenter la Justice par une dame maghrébine, jolie au demeurant, nous oblige à reconsidérer le problème. D'ailleurs, après l'avoir vue et revue à la télé et dans nos journaux, on a fini par oublier ses lointaines origines.

C'est la démarche que nous préconisons dans toutes nos opérations : *faire le premier pas d'abord et ensuite gérer les changements*, alors que nos politiques, en bons bureaucrates veillant à leurs intérêts, ont eu toujours tendance à réfléchir longuement avant d'agir ce qui leur permis en fait de ne pas agir du tout. « *Tout bien pesé...* » « *Après analyse...* », disent-ils pour justifier leur immobilisme.

Il est clair que si le racisme est naturel, le chemin qui mène à sa disparition est au contraire éminemment culturel et volontariste.

Même le chemin le plus long commence toujours par le premier pas, disent les chinois, et la politique des petits pas reste la meilleure solution quand le problème est relationnel.

Enfin, je pense qu'il faudrait maintenant lancer une gigantesque étude avec notre méthode d'analyse sur les différents racismes dans le monde, ou, plus modestement en Europe, et je ne serai pas étonné, si grâce à une échelle de mesure scientifiquement confectionnée on trouvait que c'est encore en France que le racisme est le moins implanté.

Après des siècles de métissage, il est certain que nous n'avons pas pu oublier nos origines variées.

Alors, si l'on cessait de souffler sur le feu si l'on veut qu'il s'éteigne.

Ce qui est sûr est que le racisme ne se combat pas par des arguments rationnels et pseudo scientifiques, et encore moins par un arsenal répressif de plus en plus exagéré. C'est juste le contraire.

Annexes

1. Présentation de la collection : *Nouvelles Visions*

Récapitulons les règles de notre analyse et comment elles nos ont permis de traiter de façon innovante le problème du racisme.

Nous avons affirmé que :

1. *Le racisme en soi n'existe pas* ; il existe des racismes différents, avec des degrés de gravité différents ;

2. Les opinions, croyances, philosophies ne sont que des fantasmes (au sens de fantômes), capables de nous aider à disserter savamment sur le problème du racisme mais incapables de résoudre quoi que ce soit de façon concrète. Car, pour l'analyse relationnelle, *la philosophie n'est finalement que du bruit avec la bouche* comme le disait Aristote des sophistes ;

3. Aborder à l'aide de concepts un problème relationnel, quel qu'il soit, le simplifie à outrance, le ratatine en le réduisant en dualismes simplistes. En échappant aux nuances présentes dans toute vie en société, les hommes sont amenés à prendre des décisions erronées par amalgame, par regroupement de concepts et de

faits différents sous le même chapeau. Pour le racisme on a vu ainsi qu'il suffit de regrouper les racismes envers tous les peuples, en mélangeant les évènements des siècles passés à ceux d'aujourd'hui, d'y ajouter quelques extensions sémantiques tels que les sentiments hostiles envers les homosexuels, les femmes... pour que ces différents problèmes qui auraient pu être traités séparément avec sérieux se trouvent noyés dans la brume des sophismes et ne puissent plus jamais trouver la moindre résolution. Bref, pour nous, c'est évident : *l'ennemi n'est pas le racisme mais les généralisations abusives* et l'incapacité à reconnaître les nuances et à les traiter dans des actions correctives : lois plus adaptées aux réalités, expériences positives... pour arriver à des sentiments meilleurs envers les autres.

C'est pourquoi il sera toujours illusoire de penser combattre le racisme efficacement tant que l'on ne saura pas s'attaquer aux mécanismes qui le font naître et que l'on ne cherchera pas activement les mécanismes contraires qui le font mourir ; car ils existent eux aussi.

Mais notre équipe de recherche ne désire pas devenir spécialiste du racisme, nous préférons travailler en amont à traquer les mécanismes cognitifs de nos esprits bien fragiles qui commettent le même genre d'erreur dans maints sujets de société, ou dans les relations personnelles. Car les mécanismes sont les mêmes. En déplorant, que nos politiques, et ceux qui relaient leurs pensées et leurs actions, soient ceux qui commettent les plus grandes erreurs de généralisations abusives.

C'est ainsi que, dans cette collection de livres, intitulée ambitieusement *Nouvelles Visions*, notre objectif est d'aborder bientôt d'autres problèmes pour lesquels il apparaît au pratiquant de l'analyse relationnelle que la quasi-totalité des gens se fourvoie dans des modes de pensées archaïques et erronés.

Aux yeux de l'analyste, il est évident que les hommes d'aujourd'hui, malgré quelques siècles de progrès de la science, continuent à pratiquer largement la *pensée magique*, certains de bonne foi, d'autres, plus nombreux, en toute connaissance, pour mieux nous manipuler. Les sujets que nous aborderons le seront tous à partir d'un angle nouveau et viendront heurter de plein fouet les croyances largement majoritaires de nos contemporains. Tant pis ou tant mieux, si cela peut éveiller quelques lecteurs à l'esprit critique qu'il semble que nous ayons perdu. Aujourd'hui encore, nous prenons notre fantasmagorie pour des vérités scientifiquement prouvées, comme on dit quand on veut nous manipuler.

Ainsi, nous croyons qu'il n'est pas bien de manipuler et que les manipulateurs ce sont les autres ; nous croyons que nos gouvernants pondent des lois pour notre bien, qu'ils nous interdisent de plus en plus de choses, (sauf ce qui est obligatoire) pour nous amener vers un monde meilleur, que le tabac tue, que les sectes sont dangereuses, que les experts et les scientifiques sont crédibles, que l'Europe est un progrès, et que le progrès n'est pas une illusion, nous croyons que les hommes sont égaux, que l'inconscient existe et qu'il est capital de bien se soigner pour ne pas être malade, de respecter les règles d'hygiène pour vivre heureux et en bonne santé, nous croyons que l'école nous apprend à devenir des adultes, que le bonheur existe quelque part et que le couple idéal, comme les enfants sages sont du domaine du possible ; nous croyons à une multitude d'utopies modernes comme par exemple que grâce à Internet et aux téléphones portables nous communiquons mieux avec nos semblables, que les femmes et les hommes sont égaux, que la loi doit être la même pour tous, que l'égalité et la fraternité sera un jour possible et qu'il suffit de l'inscrire sur nos pièces de monnaie, qu'il est bon de ne pas être égoïste, que Dieu a créé les hommes, et bien d'autres choses encore que nous croyons parce qu'on nous l'a dit, parce que c'est commode et que cela explique une fois pour toute pourquoi et pour quoi nous vivons.

Et bien tout cela est faux. Faux n'est pas le mot exact, il faudrait plutôt dire que ce sont des à peu près. Une simple analyse critique, à partir des faits concrets et de raisonnements dépourvus de *tunnels mentaux* peut facilement le prouver.

Ce sont ces thèses et quelques autres, celles qui constituent ce que nous appelons *le grand livre des croyances* magiques, que nous évoquerons dans nos prochains livres. Certes, nous n'arriverons jamais à être exhaustifs tant les dégâts faits par les généralisations et les terribles simplificateurs - comme le disait Watzlawick -, sont considérables et tellement ancrés dans nos esprits par l'habitude de ne pas penser, de ne rien remettre en question.

Nous savons beaucoup de lecteurs risquent de ne même pas comprendre notre analyse.

C'est un risque à courir.

2. Appel aux lecteurs
ou comment continuer ce livre

Mais, pour développer ce projet éditorial, nous avons besoin de vous, chers lecteurs. Si notre façon de penser vous a plu, si vous avez encore envie de nous aider dans nos recherches sur les sujets évoqués ici ou encore mieux que vous avez d'autres sujets en tête que vous aimeriez traiter avec nous, alors venez avec nous.

Déjà, sur le sujet du racisme, ce livre n'est pas fini, il n'est que le début d'une recherche qui peut se continuer par d'autres medias et aboutir à de nouvelles versions du livre.

Ce livre possède des prolongements et il en sera de même pour tous les autres de la collection. Chaque sujet étudié possèdera sa panoplie interactive : un site web, une liste de diffusion et de discussion, un ou des blogs, des forums... et surtout, pour regrouper l'ensemble la communauté Relatio qui vous attend.

C'est déjà le cas du livre sur le racisme qui possède son site Web à l'adresse http://www.tousracistes.com/ Vous y trouverez : une veille assez riche sur les articles de journaux, les forums, les blogs, une bibliographie des principaux livres publiés sur le racisme, de larges extraits de notre livre et des additifs. Mais, pour voir accès à nos pages, il faut vous inscrire sur la page d'accueil, c'est gratuit. Et si vous êtes intéressés, nous pouvons vous ouvrir un espace avec un statut d'auteur, ce qui vous permettra de dialoguer en ligne avec nous et de proposer des sujets, des articles nouveaux et de faire avancer nos recherches.

Mais attention, tous nos sites ont une déontologie ferme : pour vous inscrire, pas de pseudo, il nous faut votre prénom et votre nom et vous devez vous faire connaître en remplissant notre questionnaire de bienvenue qui vous sera proposé. Nos échanges doivent garder une certaine tenue, rester courtois, et le contenu de nos échanges doit aider la recherche relationnelle sur les sujets évoqués. Les messages comportant des jugements des injures et des propos de grande banalité ne seront pas publiés sur les sites. Mais, à part ça, pas de racisme, tout le monde peut s'inscrire et venir nous aider. Pas de racisme, mais un certain élitisme.

A titre indicatif, le futur livre sur la manipulation possède aussi déjà son site, bâti sur le même modèle que celui du racisme. L'adresse : http://www.manipuler.com/docs

3. Pour en savoir plus sur l'analyse relationnelle

Enfin, pour nous aider dans nos recherches, nous vous demanderons de posséder au moins des rudiments de la méthode Relatio, dite analyse relationnelle en prenant un minimum de cours : le niveau 1.
D'ores et déjà, nous vous invitons à visiter nos pages Web pour mieux connaître notre approche et nos cours. Voici les lieux principaux à visiter :

- Les cours théoriques de la méthode (200 pages) sur
http://www.relatio.com.cours
- Les cours pratiques proposés sur
http://www.relatio.com/Inscription
- Le dictionnaire de l'analyse relationnelle (encore 200 pages) sur
http://www.relatio.com/lexique
- La bibliographie complète sur
http://www.relatio.com/livres
et le plus important de tout, aller voir les activités de la communauté Relatio sur
http://www.relatio.com/communaute (Là aussi, il faut s'inscrire)

A PARAITRE CHEZ ULRICH EN 2009
De Pierre Raynaud

Apprendre à manipuler (dans le premier semestre).
Après *l'art de manipuler* en 1996, dont la thèse simple était : nous sommes tous manipulés et nous manipulons tous, alors apprenons à manipuler, ce nouveau livre sur le sujet franchit le deuxième pas en dévoilant quelques stratagèmes efficaces de manipulation. Ce nouveau livre sur ce sujet brûlant, pourra accompagner ou précéder notre cours sur la manipulation.

Comment apprendre à changer (second semestre)
A partir d'une analyse comparative serrée des comportements et raisonnements de ceux qui réussissent de ceux qui échouent, une découverte des critères à acquérir dans nos comportements comme dans nos raisonnements pour améliorer nos capacités à changer. Un résumé de nos cours principaux.

Et chez un autre éditeur : *Un nouveau test de personnalité : l'adjectivogramme.*

VOS NOTES